차근차근 생활수학

시계 보기

모듀efe는 느린 학습자, 장애인, 더 나아가 모든 사람이 배울 수 있는 교재와 교구를 기획·제작하고 있습니다.
선생님들의 아이디어와 원고를 제안받고 있으니,
자세한 내용은 **모듀efe 홈페이지**를 참고해 주십시오.

차근차근 생활수학
시계 보기

지은이	최연주
펴낸곳	모듀efe
주 소	서울특별시 강남구 봉은사로1길 6, 5층 5120호
홈페이지	edu4modu.com
전자우편	contact@edu4modu.com
대표전화	070-8983-4623
발 행 일	2025.10.20.

ISBN 979-11-93819-25-8 (63370)

※ 이 책의 오탈자 및 잘못된 내용에 대한 수정 정보는 이메일로 알려주십시오.
※ 잘못 만들어진 책은 구입하신 서점에서 교환해 드립니다.
※ 이 책은 저작권법에 따라 보호받는 저작물이므로 무단 전재와 무단 복제를 금합니다.
　이 책 내용의 전부 또는 일부를 사용하시려면 반드시 저작권자와 출판사의 동의를 얻어야 합니다.

designed by. 은빛공장 010.8342.0328

이 책이 나오기까지

이 책의 전작, 『차근차근 생활수학 – 화폐 계산하기』가 감사하게도 출간 이후 많은 분들의 관심과 사랑을 받았습니다. 교사, 학부모, 그리고 아이들로부터 "이런 생활 밀착형 수학 교재가 꼭 필요했다"는 응원과 격려를 들을 수 있었고 그 과정에서 후속 교재에 대한 요청도 많이 받았습니다.

저 역시 어떤 주제가 아이들에게 꼭 필요할지, 또 화폐 계산만큼이나 일상에서 중요한 기술은 무엇일지 고민했습니다. 그 결과, 아이들이 매일 접하면서도 쉽지 않게 느끼는 '시계 보기'를 다음 책의 주제로 선택하게 되었습니다.

시계 보기는 우리의 일상생활에서 꼭 필요한 기술입니다. 그러나 시와 분을 읽는 방식이 서로 다르고, 직관적으로 한눈에 들어오지 않기 때문에 아이들에게는 결코 단순하지 않은, 한 번 더 사고해야 하는 고차원적인 인지 활동입니다. 이 때문에 느린 학습자나 다양한 요구를 가진 아이들은 물론이고 일반 아이들도 시계 보기를 어려워하는 경우가 많습니다. 하지만 시계는 매번 동일한 과정을 거쳐 읽을 수 있기 때문에, 체계적인 학습과 반복적인 연습을 통해 충분히 익힐 수 있습니다.

그동안 시중에도 다양한 시계 보기 교재가 있었지만, 시계 학습에 필요한 선수 기술부터 시계를 읽는 과정을 단계적으로 체계화한 책은 찾아보기 어려웠습니다. 또한 시계 보기를 확실히 습득하기 위해 필요한 충분한 반복 연습 문제가 제공되지 않아 아쉬움이 컸습니다.

『차근차근 생활수학 – 시계 보기』는 이러한 점을 보완하고자 기획되었습니다. 아이들이 시계 보기의 기초가 되는 선수 기술부터 차근차근 배워 나가며, 반복 학습을 통해 자신감을 얻을 수 있도록 구성했습니다. 이 책이 아이들에게 시계 보기를 넘어, 시간 개념을 이해하고 생활 속에서 활용하는 데 든든한 디딤돌이 되기를 바랍니다.

끝으로 이번 책 역시 출판되기까지 많은 분들의 도움을 받았습니다. 작가의 의도를 깊이 이해해 주시고, 더 좋은 교재가 나올 수 있도록 늘 함께 고민해 주신 <모두 efe> 대표님들께 진심으로 감사드립니다.

{ 책의 구성과 활용법 }

이 책의 특징

1. 개념과 기능의 충실한 설명

각 차시에서 습득해야 할 개념과 기능을 다양한 예시와 함께 자세히 설명하여, 학습자가 시계 보기의 원리와 방법을 이해하고 익힐 수 있도록 하였습니다.

2. 체계적인 학습 단계와 충분한 연습

시계 보기에 필요한 선수 기술부터 시작해 학습 단계를 세분화하였으며, 같은 수준의 문제를 다양하게 제시하여 차시별 내용을 충분히 연습할 수 있도록 하였습니다. 또한 다량의 문제은행을 수록해 학습자가 시계 보기 기술을 확실히 다질 수 있도록 하였습니다.

3. 실생활과 연계된 학습

일상생활에서 자주 접하는 상황을 바탕으로 한 문장제 문제를 통해, 학습자가 실제 생활 속에서 시계 관련 문제를 해결하는 경험을 쌓을 수 있도록 하였습니다. 이를 통해 시계 보기가 생활 전반에 활용되는 중요한 기술임을 자연스럽게 내면화할 수 있도록 하였습니다.

학습목표

『차근차근 생활수학 - 시계 보기』를 통해 학습자들은 다음의 능력을 기를 수 있습니다.

1. 시계의 시침과 분침을 구별할 수 있습니다.
2. 시계의 정각을 읽을 수 있습니다.
3. 5분 단위로 시각을 읽을 수 있습니다.
4. 1분 단위까지 정확하게 시각을 읽을 수 있습니다.
5. 시각과 관련된 다양한 일상생활 문제를 해결할 수 있습니다.

책의 활용법

이 책은 학습자가 시계 보기를 차근차근 익힐 수 있도록 다음과 같은 구성으로 이루어져 있습니다.

[단 원] 각 단원에서 배우게 될 학습 내용을 간단히 소개합니다.

[동물 친구들] 단원에서 꼭 필요한 질문을 던지거나, 새로운 개념을 쉽고 재미있게 설명해 줍니다.

[연습문제] 여러 단원을 종합하여, 지금까지 배운 내용을 복습할 수 있도록 구성했습니다.

[문제은행] 시계 보기를 충분히 반복·연습할 수 있도록 다량의 문제를 제공합니다.

{ 차 례 }

시계 보기
00. 시계 선수 기술 — 6
01. 여러가지 시계 — 14
02. 시계의 구성 — 20

정각·30분
03. 정각 몇 시 — 26
04. 정각 몇 시(2) — 34
05. 몇 시 30분 — 42
[연습문제] — 50
[문제은행] — 56

10분 단위
06. 몇 시 몇 분(10분 단위) — 60
07. 몇 시 몇 분(5분 단위) — 68
[연습문제] — 76
[문제은행] — 82

1분 단위
08. 몇 시 몇 분(1분단위) — 88
[연습문제] — 96
[문제은행] — 102

[부록] 붙임딱지

붙임 딱지를 활용해야하는 문제는 붙임 딱지 아이콘이 각 질문 옆에 그려져 있습니다.

00 시계 선수 기술

월   일

시계 방향

- 시계 바늘은 **오른쪽**으로 돌아갑니다.
- 시계 바늘이 돌아가는 방향을 시계 방향이라고 합니다.

다람쥐가 도토리를 먹을 수 있도록 시계 방향으로 선을 그어봅시다.

동그라미를 시계 방향으로 그려봅시다.

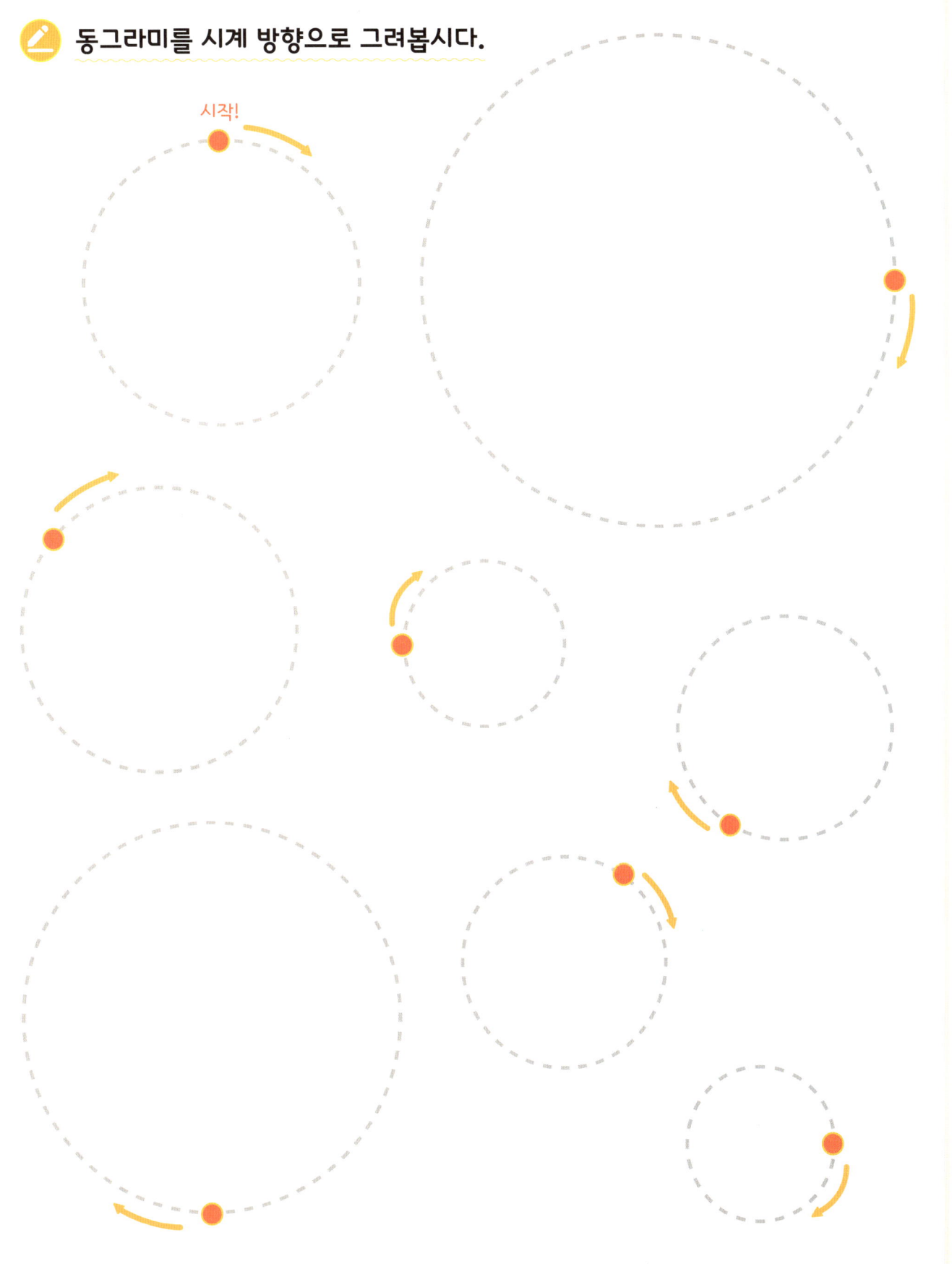

길다 짧다

- 시계는 짧은 바늘과 긴 바늘이 있습니다.
- 짧은 바늘은 '시'를, 긴 바늘은 '분'을 나타냅니다.

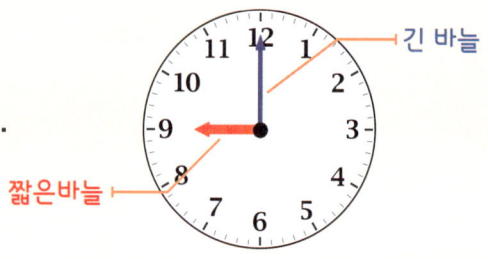

더 긴 것에 ○해봅시다.

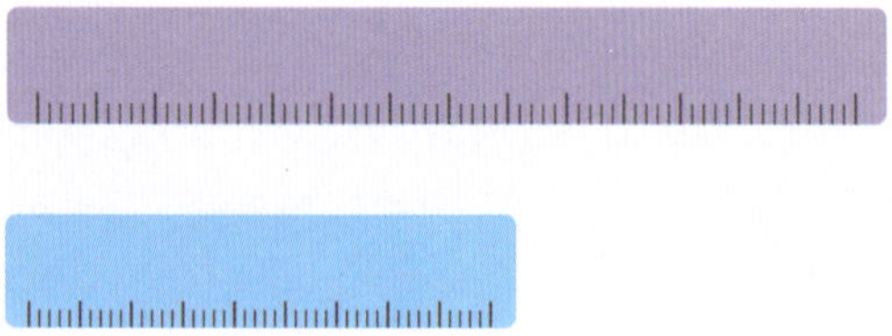

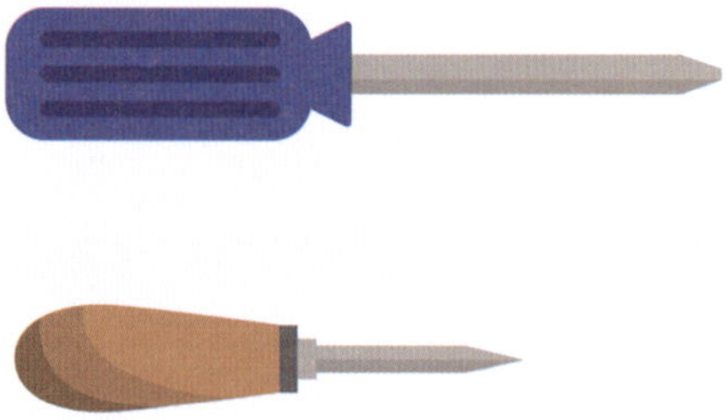

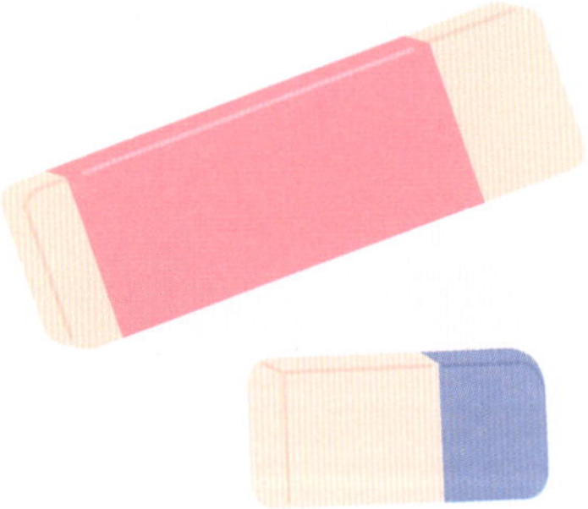

더 짧은 것에 ○해봅시다.

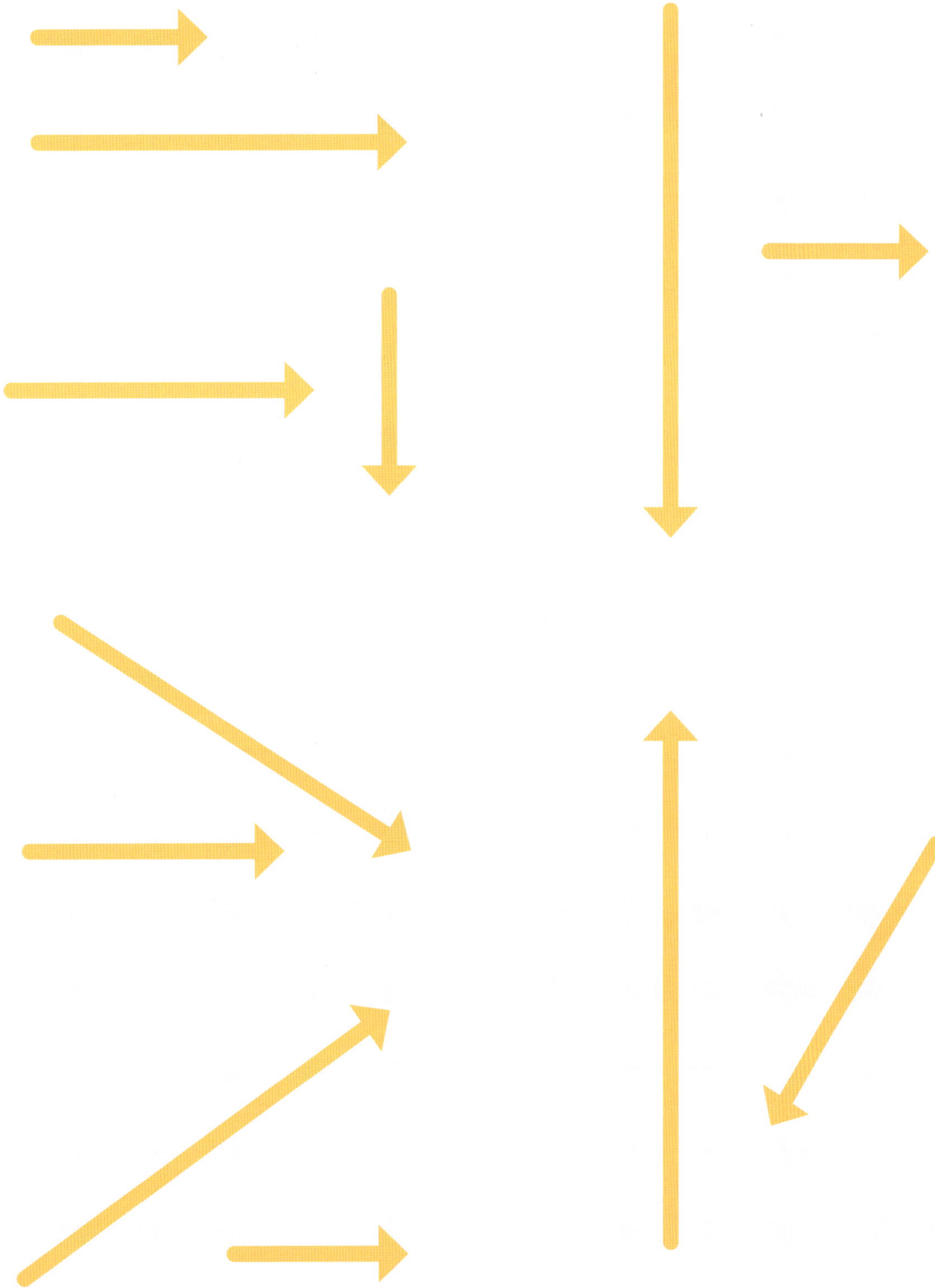

0부터 60까지의 수

- 시계 안에는 다양한 숫자들이 숨어 있습니다.
- 시계 바늘이 어떤 숫자를 가리키느냐에 따라 시각이 달라집니다.

1부터 60까지의 수를 차례대로 써봅시다.

1	2		4	5	6
	8	9	10		12
	14		16		18
19		21	22		24
	26		28	29	
	32	33		35	36
	38		40		42
	44		46	47	
	50	51		53	54
	56				60

뛰어 세기

1씩 뛰어세기를 해봅시다.

| 1 | 2 | | 4 | 5 | 6 | 7 | | 9 | 10 | | 12 |

| 1 | | 3 | 4 | | 6 | 7 | 8 | 9 | | 11 | 12 |

| 1 | 2 | 3 | | | 5 | 6 | | 8 | 9 | 10 | 11 |

10씩 뛰어세기를 해봅시다.

| 0 | 10 | | 30 | 40 | | 60 |

| 0 | 10 | | 30 | | 50 | |

| | 5 | | 25 | 35 | 45 | |

| | | 15 | 25 | | 45 | 55 |

5씩 뛰어세기를 해봅시다.

| 0 | 5 | | 15 | 20 | | 30 | 35 | | | 50 | 55 |

| 0 | | 10 | 15 | | 25 | | 35 | 40 | 45 | | 55 |

시계 방향을 따라 1부터 12까지를 써봅시다.

1

 시계 방향을 따라 1부터 60까지를 써봅시다.

1

시계 방향을 따라 10씩 뛰어 센 값을 써봅시다.

0

10

 시계 방향을 따라 5씩 뛰어 센 값을 써봅시다.

0

5

01 여러가지 시계

월   일

시계 방향

- 시계는 시각을 눈으로 볼 수 있게 해주는 도구입니다.
- 시계는 우리가 언제 일어나야 하는지, 언제 학교에 가야 하는지, 언제 놀거나 쉬어야 하는지 알 수 있도록 도와줍니다.

다양한 시계

아날로그 시계   디지털 시계

손목 시계   탁상 시계

💡 시계가 필요한 상황

약속을 잡을 때

특정 시간을 기다릴 때

어떤 일을 계획할 때

일정을 확인할 때

생활 속에서 시계를 찾아봅시다.

여러가지 시계 17

시계가 필요한 상황을 찾아 모두 ◯해봅시다.

물건을 계산할 때

밥을 먹을 때

시간이 정해진 시험을 치를 때

다음 일을 계획할 때

이야기글

아주 옛날에는 지금처럼 시계가 없었어요.
그렇다면, 사람들은 **어떻게 시간을 알았을까요?**

하늘을 보며 시간을 알았어요.
- 해가 뜨면 **아침**
- 해가 머리 위에 있으면 **낮**
- 해가 지면 **저녁**

해의 위치로 대략적인 시간을 알 수 있었어요.

동물의 행동으로도 알았어요.
- 닭이 울면 아침이 되었음을 알았어요.
- 소가 울거나 집으로 돌아오면 해질 무렵이었어요

자연의 소리는 사람들에게 시간을 알려주는 **신호**였어요.

물 흐름을 이용한 물시계

물을 일정한 속도로 통 안에 떨어뜨려요.
통 안에 물이 채워진 양을 보면
시간이 얼마나 지났는지 알 수 있어요.

02 시계의 구성

월   일

💡 아날로그 시계

- 아날로그 시계는 시계 바늘로 시각을 알려줍니다.
- 시계 위에 있는 바늘이 돌아가며 숫자와 눈금을 가리키면 시각을 알 수 있습니다.

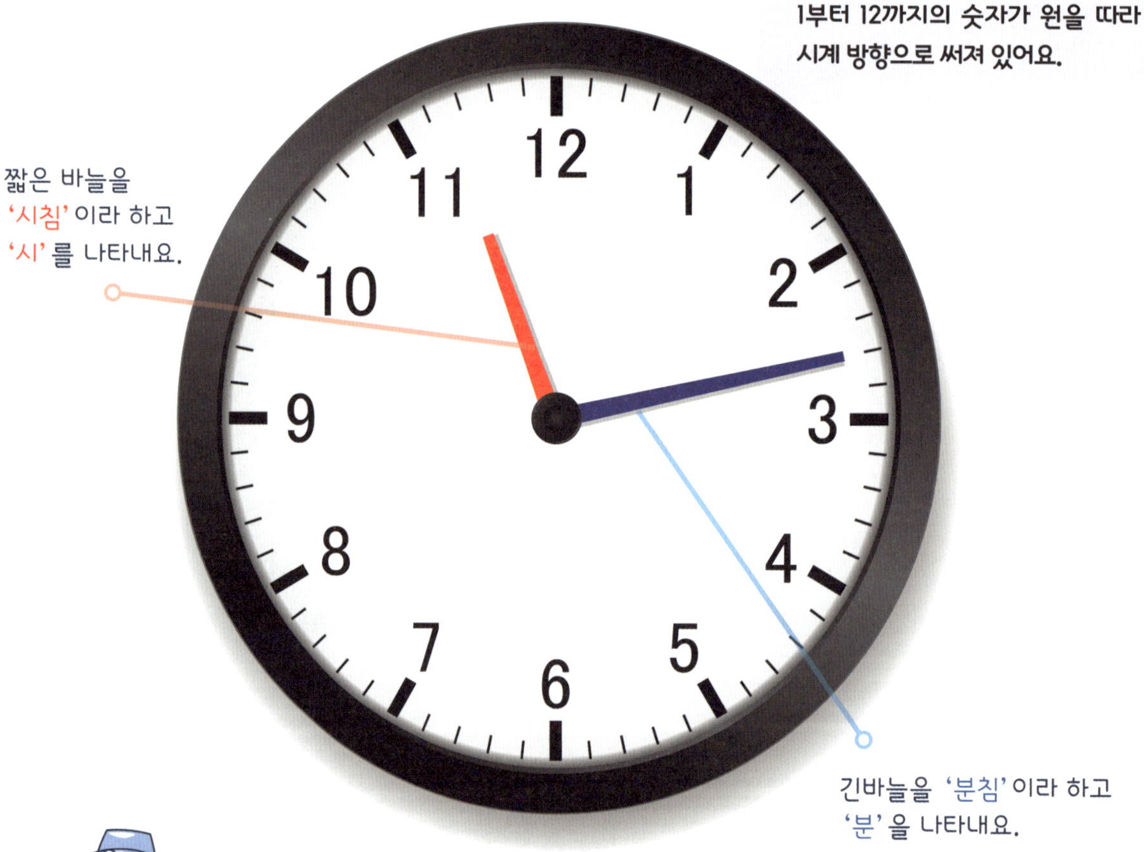

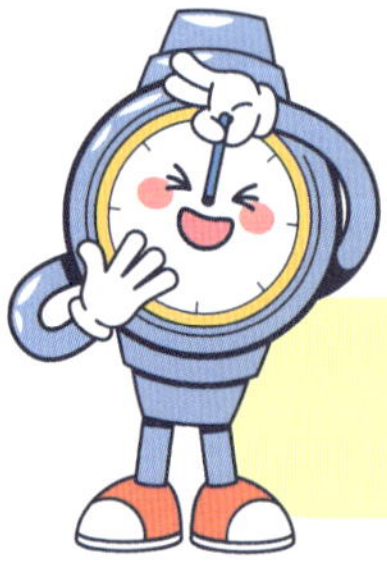

1부터 12까지의 숫자가 원을 따라 시계 방향으로 써져 있어요.

짧은 바늘을 '시침'이라 하고 '시'를 나타내요.

긴바늘을 '분침'이라 하고 '분'을 나타내요.

아날로그 시계는 시계 바늘과 숫자로 시각을 나타내요.

디지털 시계

- 디지털 시계는 화면에 나타난 숫자로 시각을 알 수 있습니다.
- 가운데 쌍점을 기준으로 왼쪽 숫자는 '시'를, 오른쪽 숫자는 '분'을 나타냅니다.

쌍점

쌍점 앞에 있는 숫자로 몇 시인지 알 수 있어요.

쌍점 뒤에 있는 숫자로 몇 분인지 알 수 있어요.

디지털 시계는 화면에 나타난 숫자로 시각을 알 수 있어요.

✏️ **짧은 바늘은 빨간색, 긴 바늘은 파란색으로 색칠해봅시다.**

✏️ **'시'를 나타내는 부분은 빨간색, '분'을 나타내는 부분은 파란색으로 색칠해 봅시다.**

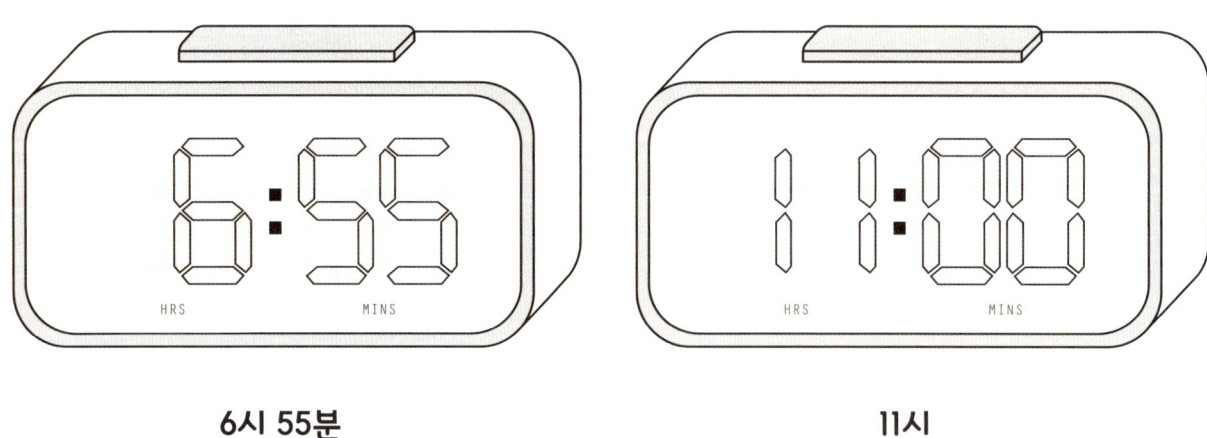

6시 55분   11시

✏️ 빈 곳에 알맞은 숫자를 적어봅시다.

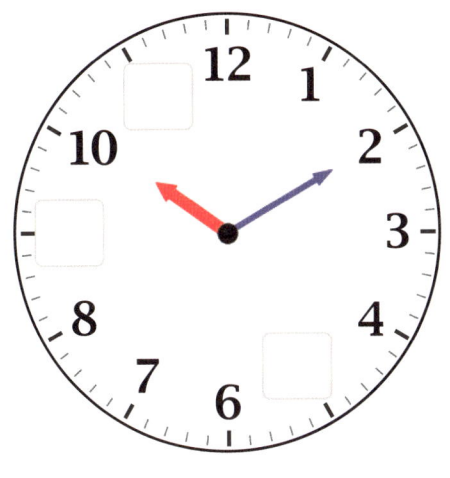 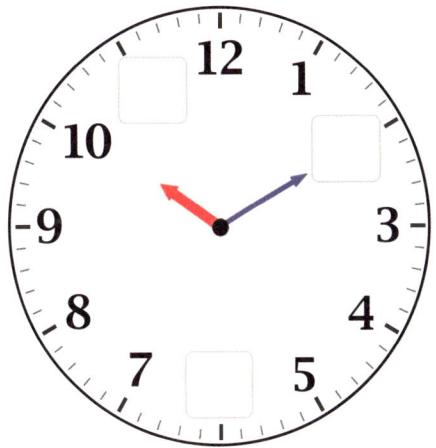

✏️ 칸을 색칠해서 0부터 9까지의 디지털 숫자를 나타내봅시다.

0 1 2 3 4 5 6 7 8 9

✏️ **아날로그 시계를 보고 짧은 바늘과 긴 바늘이 어느 숫자를 가리키고 있는지 적어 봅시다.**

짧은 바늘: 긴 바늘:

짧은 바늘: 긴 바늘:

짧은 바늘: 긴 바늘:

짧은 바늘: 긴 바늘:

짧은 바늘: 과   사이

긴 바늘:

짧은 바늘: 과   사이

긴 바늘:

디지털 시계를 보고 '시'를 나타내는 숫자와 '분'을 나타내는 숫자를 적어봅시다.

시: 분:

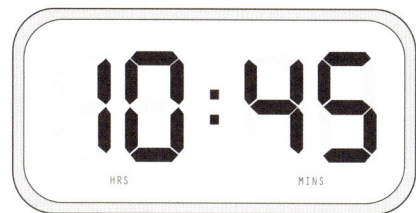

시: 분:

시: 분:

시: 분:

시: 분:

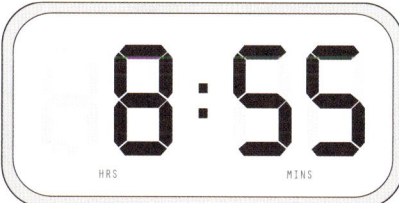

시: 분:

디지털 시계에선 쌍점(:) 앞에 있는 숫자가 '시'를
쌍점(:) 뒤에 있는 숫자가 '분'을 나타내요.

03 정각 몇 시

월   일

💡 정각 몇 시

- 긴 바늘이 12를 가리키면 정각 '몇 시'입니다. 정각은 '긴 바늘이 12를 가리키는 시각'을 의미합니다.

    예) 오전 10시 정각, 오후 6시 정각

    이때, 짧은 바늘이 가리키는 숫자가 ○라면 그 뒤에 '시'를 붙여 '○시'가 됩니다.

긴 바늘이 12를 가리키니 정각 몇 시

짧은 바늘이 9를 가리키니 9시

긴 바늘이 12를 가리키면 0분이기 때문에 짧은 바늘이 몇 시를 가리키는지만 확인하면 돼요.

쌍점 뒤가 0이고 쌍점 앞이 6이므로 6시

디지털 시계에선 쌍점(:) 뒤의 숫자가 00을 나타내면 정각을 의미합니다.

💡 **1시부터 6시를 알아봅시다.**

✏️ **같은 시각끼리 연결해봅시다.**

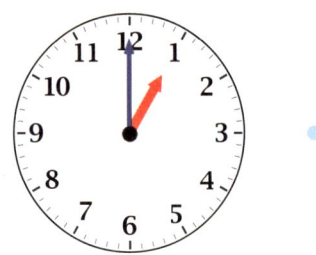 •   •   한 시

 •   •   2 시

 •   •   5 시

 •   •   세 시

 •   •   6 시

✏️ **시계가 나타내는 '시'와 '분'을 각각 적고 이를 합쳐서 나타낸 시각을 적어봅시다.**

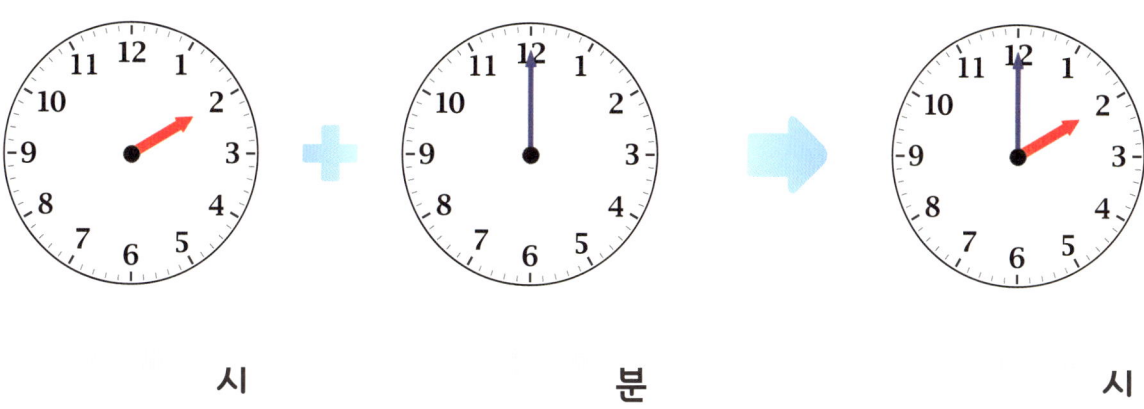

시　　　　　　　　분　　　　　　　　시

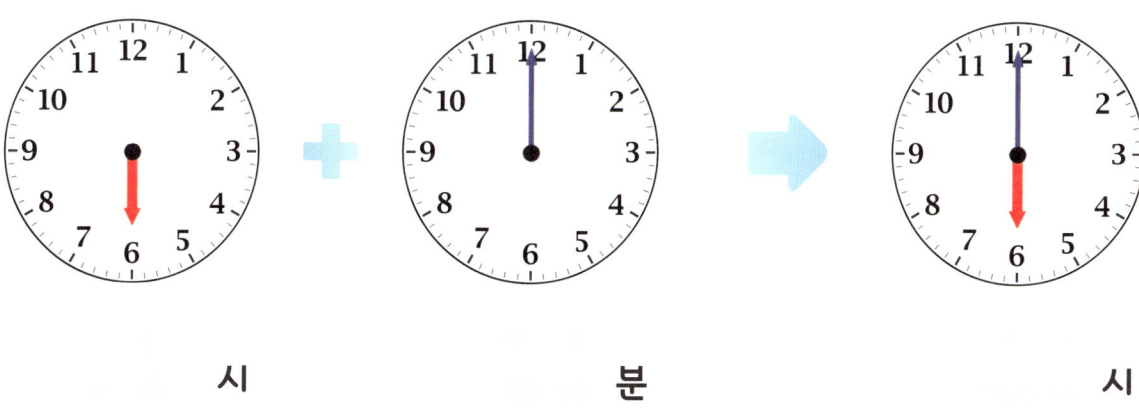

시　　　　　　　　분　　　　　　　　시

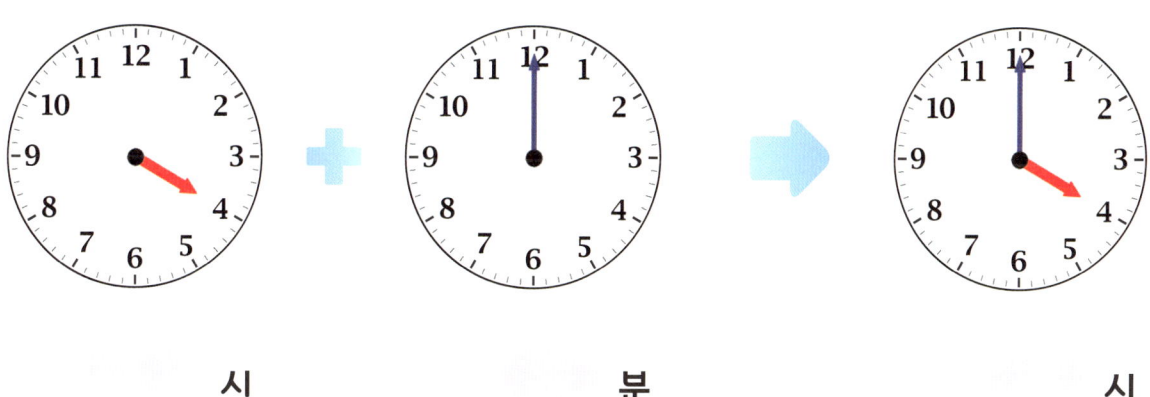

시　　　　　　　　분　　　　　　　　시

✏️ **시계가 나타내는 '시'와 '분'을 각각 적고 이를 합쳐서 나타낸 시각을 적어봅시다.**

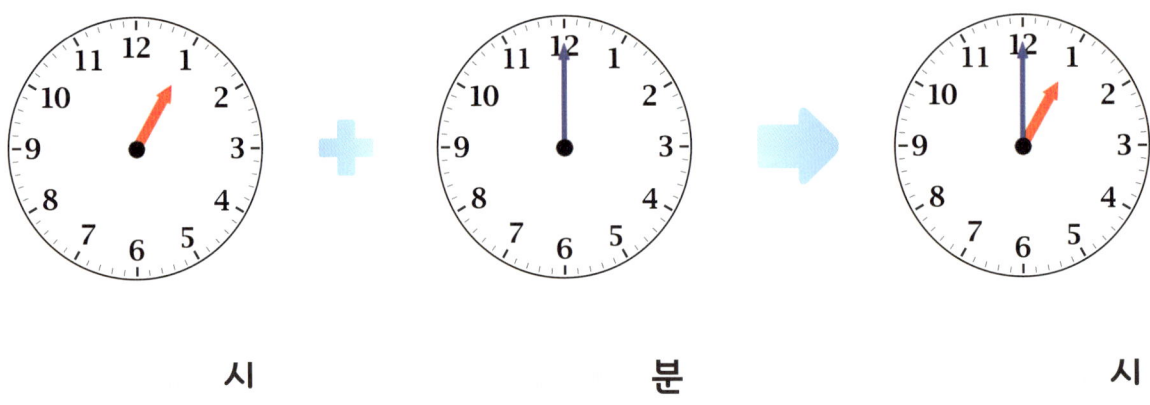

　　　　시　　　　　　　　　분　　　　　　　　　시

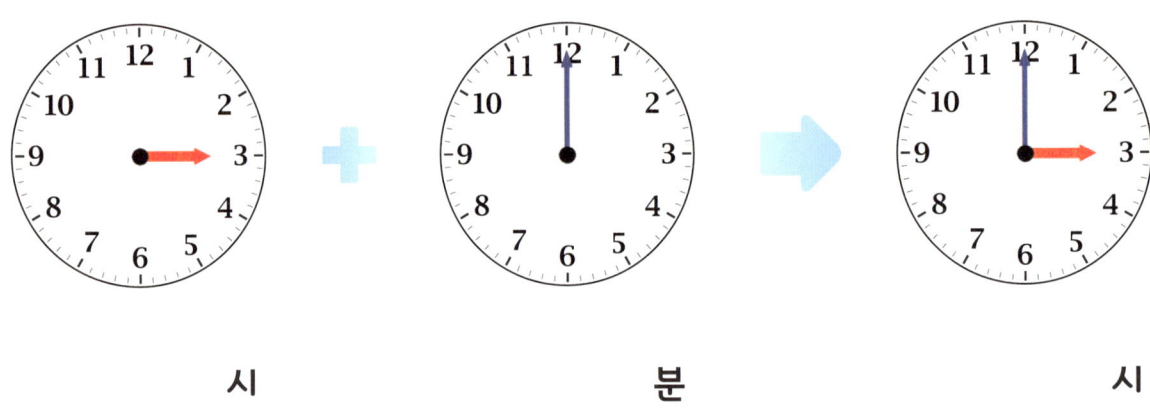

　　　　시　　　　　　　　　분　　　　　　　　　시

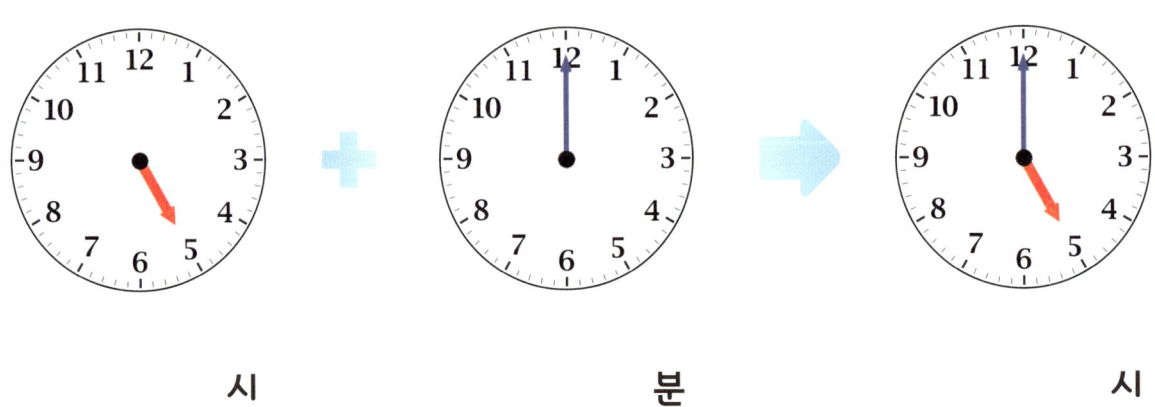

　　　　시　　　　　　　　　분　　　　　　　　　시

✏️ **시계가 나타내는 시각을 숫자와 한글로 적어봅시다.**

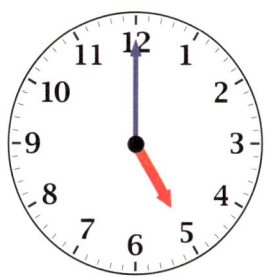

숫자:　　　시

한글:　　　시

숫자:　　　시

한글:　　　시

숫자:　　　시

한글:　　　시

숫자:　　　시

한글:　　　시

숫자:　　　시

한글:　　　시

숫자:　　　시

한글:　　　시

숫자:　　　시

한글:　　　시

숫자:　　　시

한글:　　　시

시각에 맞게 긴 바늘을 그리거나 붙임 딱지로 붙여봅시다.

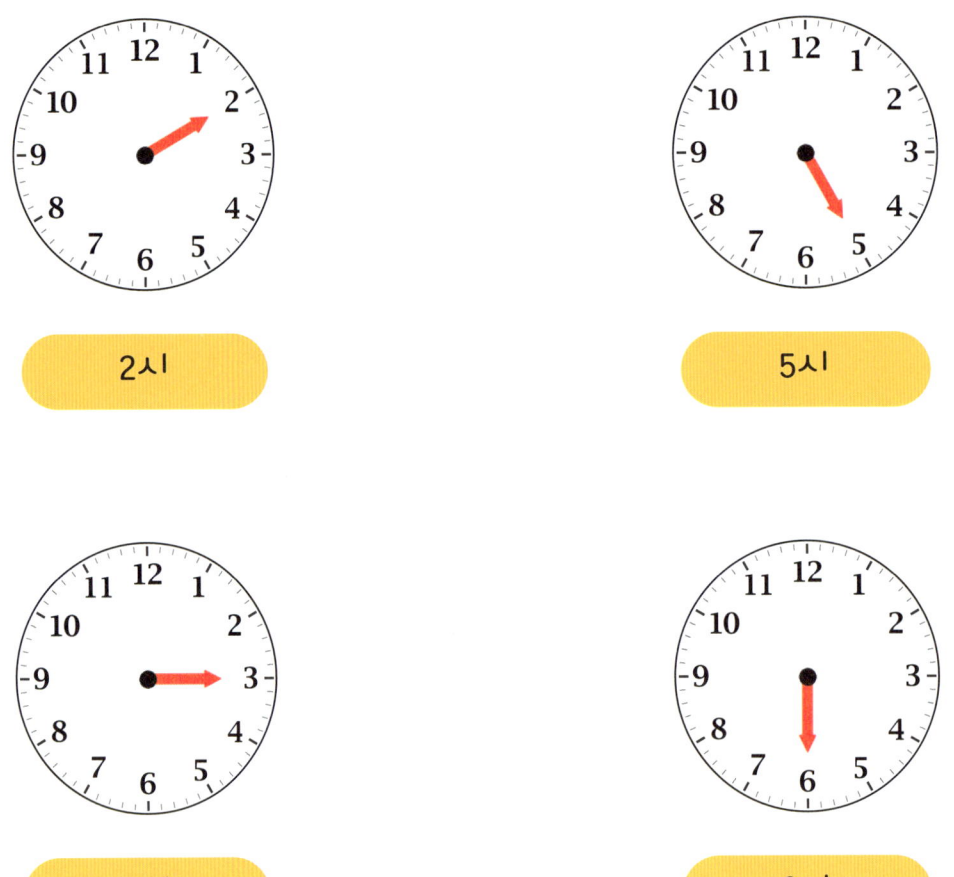

시각에 맞게 디지털 시계 안에 숫자를 적어봅시다.

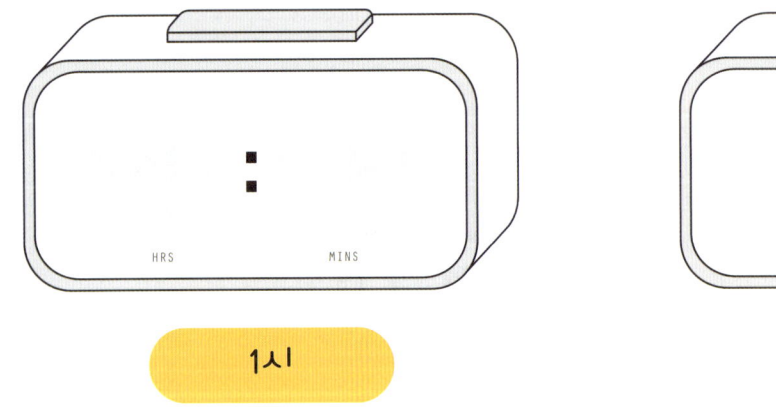
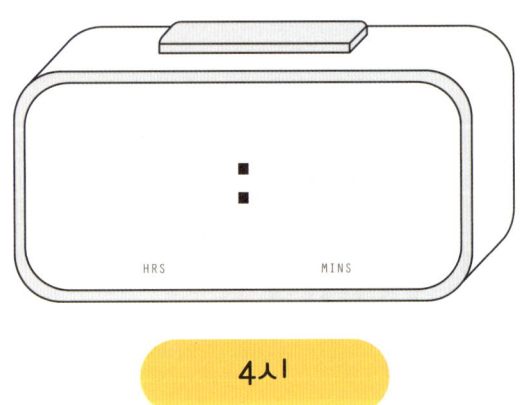

시각에 맞게 짧은 바늘을 그리거나 붙임 딱지로 붙여봅시다.

3시

5시

2시

1시

4시

6시

04 정각 몇 시 (2)

💡 **7시부터 12시를 알아봅시다.**

 7시
일곱 시

 8시
여덟 시

 9시
아홉 시

 10시
열 시

 11시
열한 시

 12시
열두 시

✏️ **같은 시각끼리 연결해봅시다.**

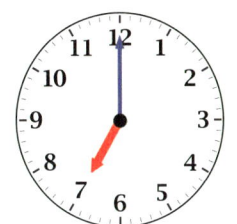   •   •   7시

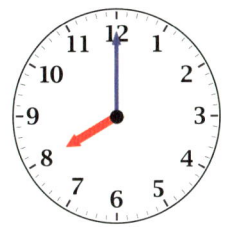   •   •   11시

   •   •   열두 시

   •   •   여덟 시

   •   •   아홉 시

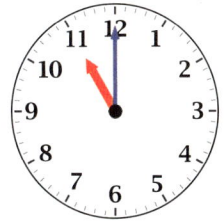   •   •   10시

📝 **시계가 나타내는 '시'와 '분'을 각각 적고 이를 합쳐서 나타낸 시각을 적어봅시다.**

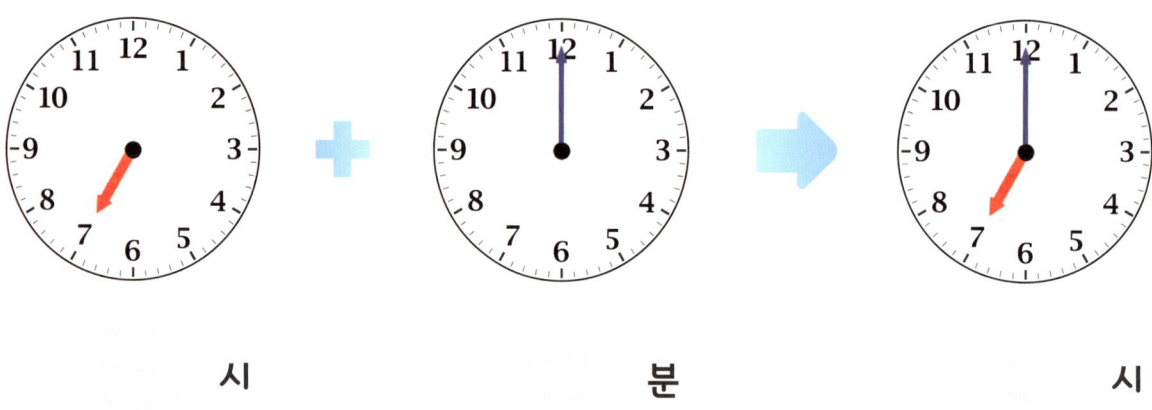

시　　　　　　　　　분　　　　　　　　　시

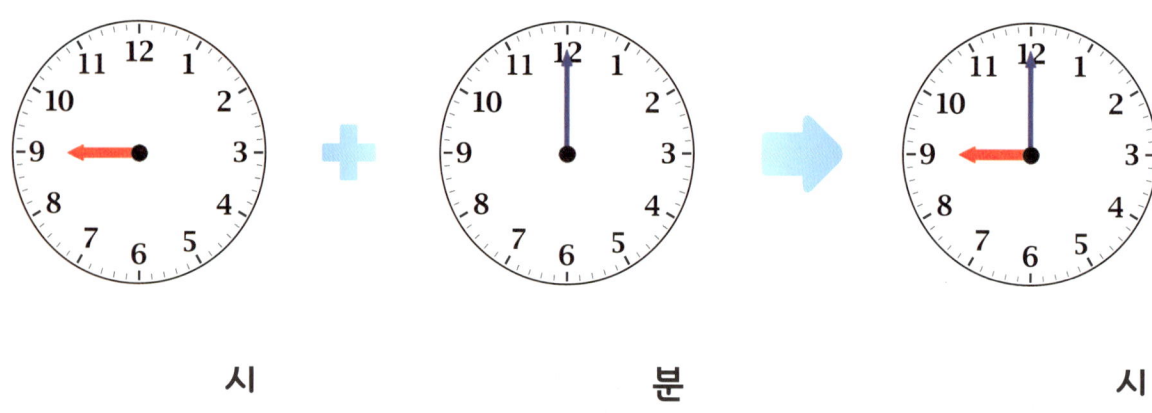

시　　　　　　　　　분　　　　　　　　　시

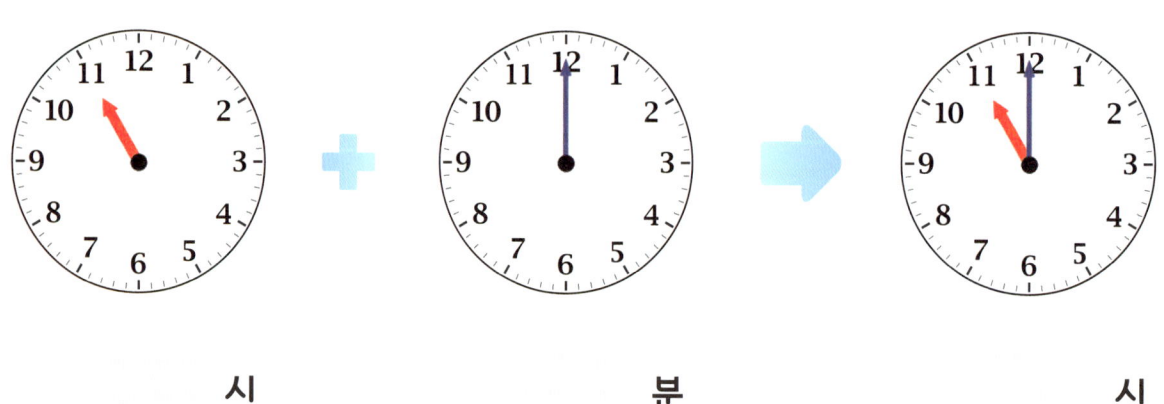

시　　　　　　　　　분　　　　　　　　　시

✏️ **시계가 나타내는 '시'와 '분'을 각각 적고 이를 합쳐서 나타낸 시각을 적어봅시다.**

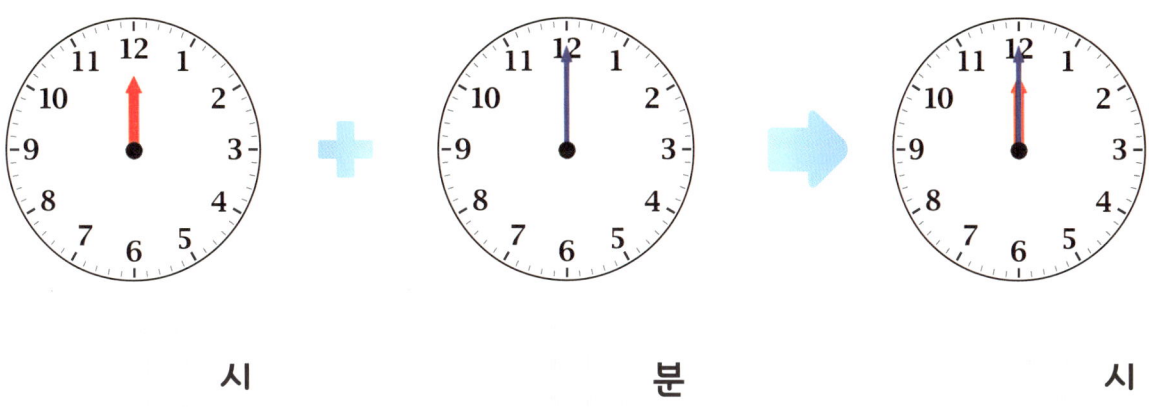

시 　　　　　　　　 분 　　　　　　　　 시

시 　　　　　　　　 분 　　　　　　　　 시

시 　　　　　　　　 분 　　　　　　　　 시

시계가 나타내는 시각을 숫자와 한글로 적어봅시다.

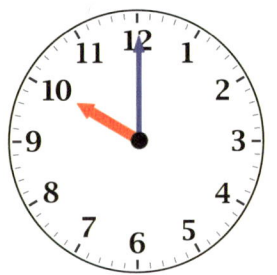 숫자: 시
        한글: 시

 숫자: 시
        한글: 시

 숫자: 시
        한글: 시

숫자: 시
한글: 시

 숫자: 시
        한글: 시

숫자: 시
한글: 시

 숫자: 시
        한글: 시

숫자: 시
한글: 시

✏️ **주어진 시각에 맞게 긴 바늘을 그리거나 붙임 딱지를 붙여봅시다.**

일곱 시

여덟 시

11시

10시

열두 시

9시

✏️ **주어진 시각에 맞게 디지털 시계 안에 숫자를 적어봅시다.**

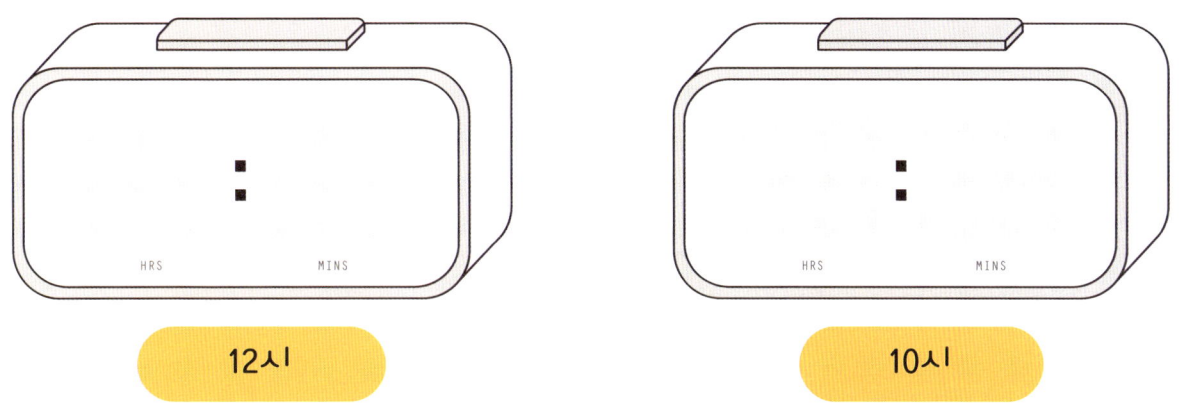

12시

10시

주어진 시각에 맞게 짧은 바늘을 그리거나 붙임 딱지를 붙여봅시다.

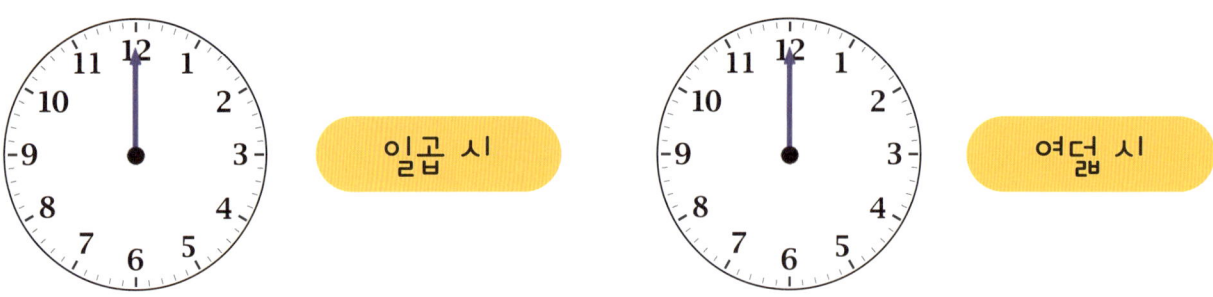

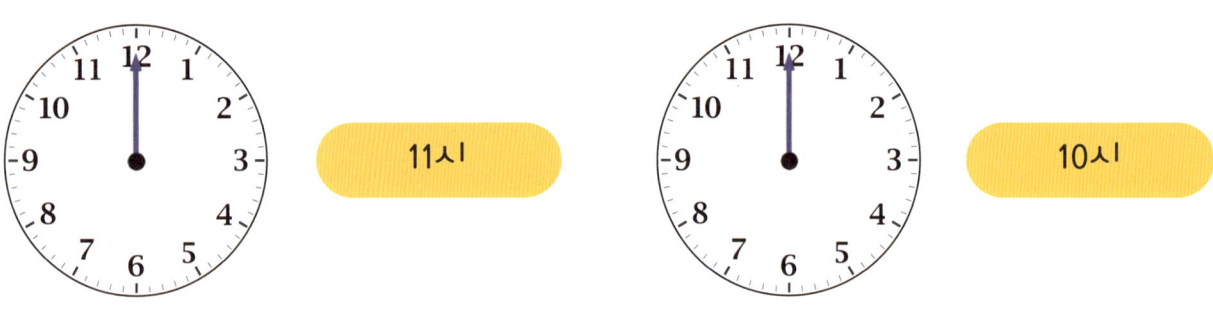

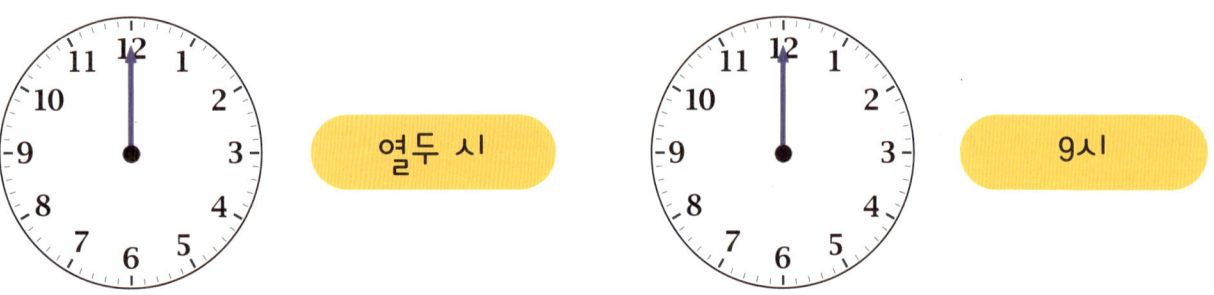

짧은 바늘은 '시'를 나타내요.

유정이의 하루를 보고 알맞은 시각을 시계에 표시해봅시다.

아침 7시에 일어나요.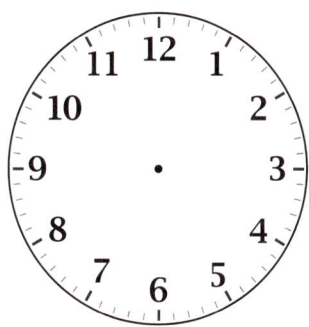

오후 12시에 급식을 먹어요.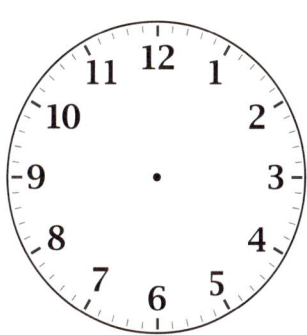

오후 3시에 미술 학원에 가요.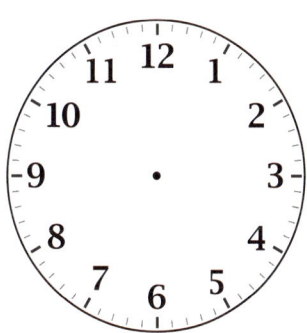

저녁 7시에 숙제를 해요.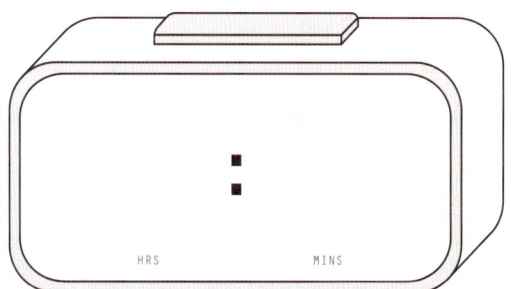

05 몇 시 30분

월   일

💡 몇 시 30분

- '분'을 나타내는 **긴바늘**이 **6**을 가리키면 몇 시 **'30분'**이 됩니다.
  이때, 짧은 바늘이 지나온 숫자가 ○이라면 그 뒤에 '시'를 붙여 ○시 30분이 됩니다.

짧은 바늘이
3을 지나왔으니 3시

긴 바늘이 6을
가리키니 3시 30분

긴 바늘이 6까지
오는 동안 짧은 바늘도
움직이기 때문에,
짧은 바늘이 숫자와
숫자 사이에 있어요.

💡 확인해보기

짧은 바늘이 지나간 숫자가 ☐ 이고,

긴 바늘이 ☐ 에 있으므로

현재 시각은 ☐ 시 ☐ 분 입니다.

몇 시 30분을 알아봅시다.

 1시 30분
한 시 삼십 분

 2시 30분
두 시 삼십 분

 3시 30분
세 시 삼십 분

 4시 30분
네 시 삼십 분

 5시 30분
다섯 시 삼십 분

 6시 30분
여섯 시 삼십 분

디지털 시계에서 쌍점(:) 앞 부분은 몇 시인지를 나타내고
뒷 부분은 몇 분인지를 나타냅니다.
따라서 뒷 부분이 30이면 30분이라는 뜻입니다.

몇 시 30분

💡 몇 시 30분을 알아봅시다.

 7시 30분
일곱 시 삼십 분

 8시 30분
여덟 시 삼십 분

 9시 30분
아홉 시 삼십 분

 10시 30분
열 시 삼십 분

 11시 30분
열한 시 삼십 분

 12시 30분
열두 시 삼십 분

시계가 나타내는 시각을 적어봅시다.

✏️ **시계가 나타내는 '시'와 '분'을 각각 적고 이를 합쳐서 나타낸 시각을 적어봅시다.**

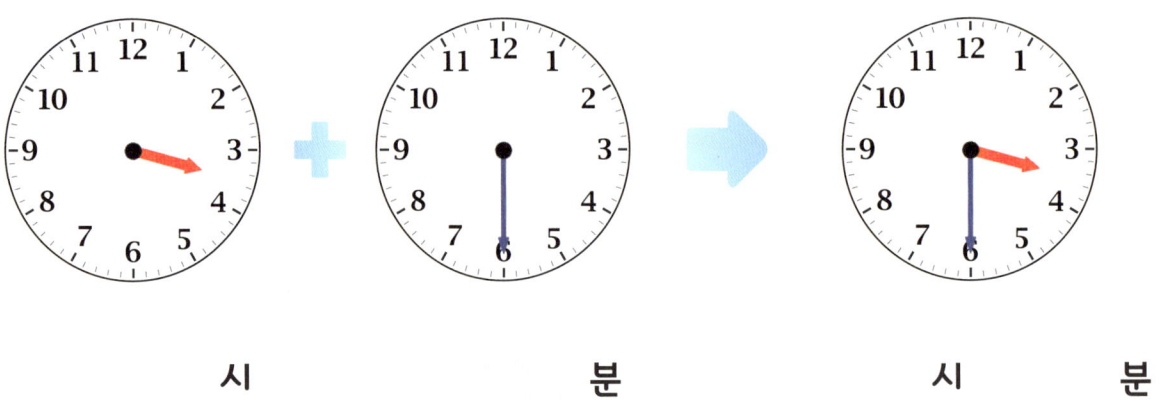

시　　　　　　　　　분　　　　　　　　　시　　　분

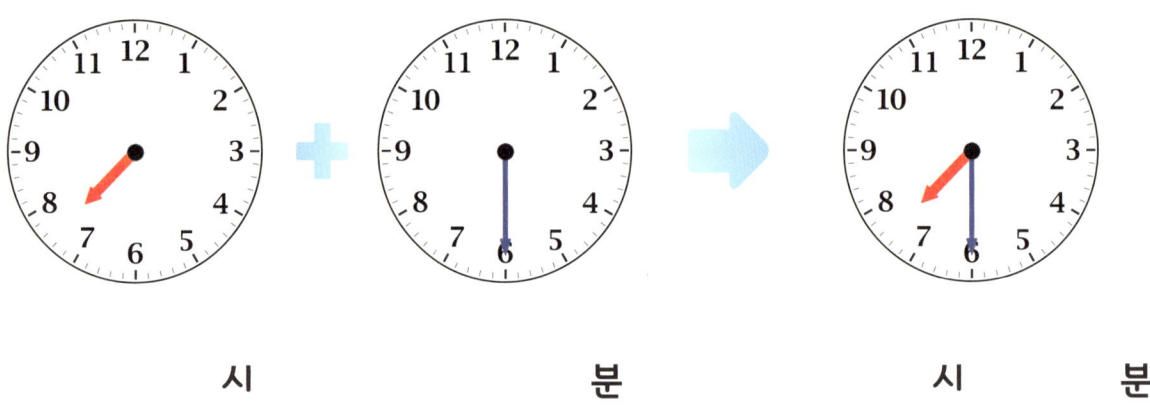

시　　　　　　　　　분　　　　　　　　　시　　　분

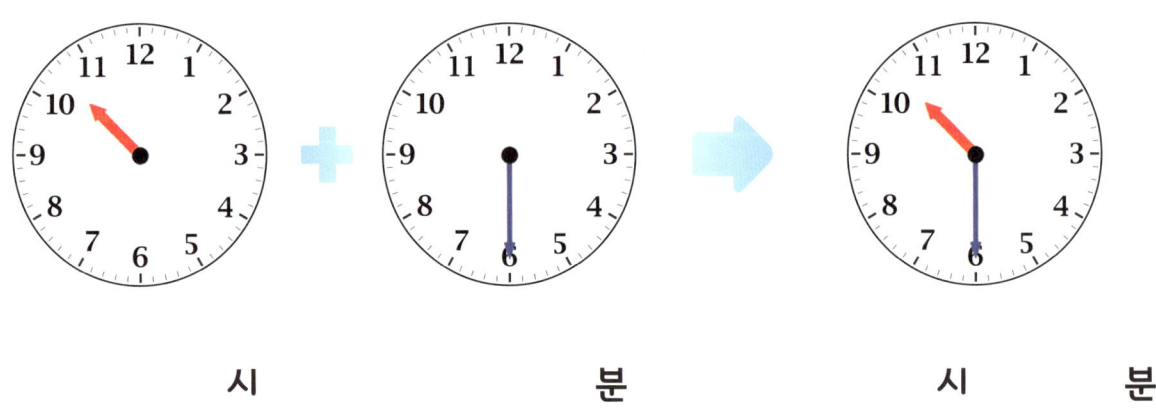

시　　　　　　　　　분　　　　　　　　　시　　　분

✏️ **시계가 나타내는 '시'와 '분'을 각각 적고 이를 합쳐서 나타낸 시각을 적어봅시다.**

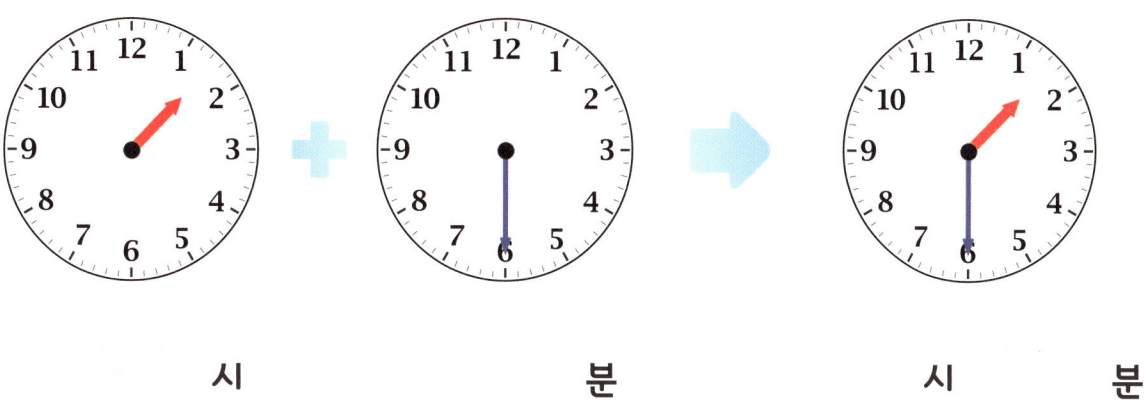

시　　　　　　　　분　　　　　　　　시　　　분

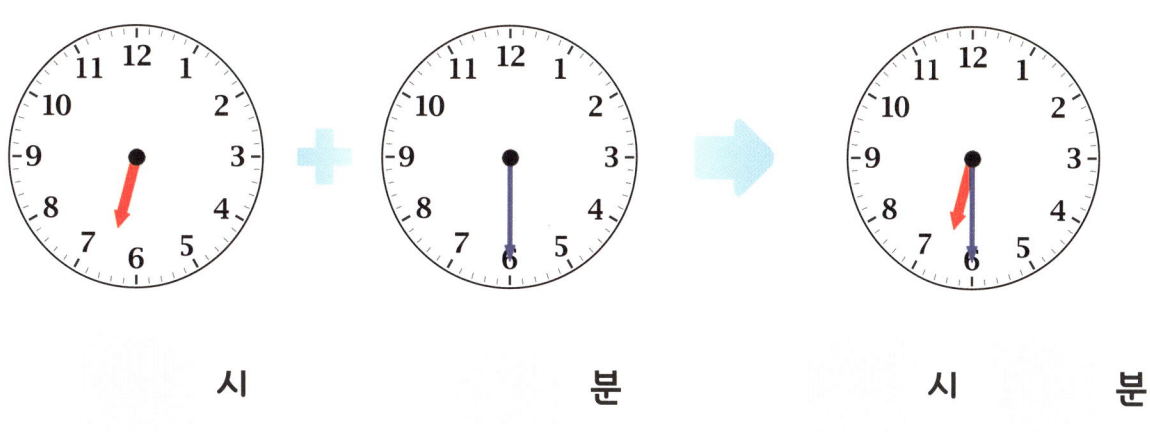

시　　　　　　　　분　　　　　　　　시　　　분

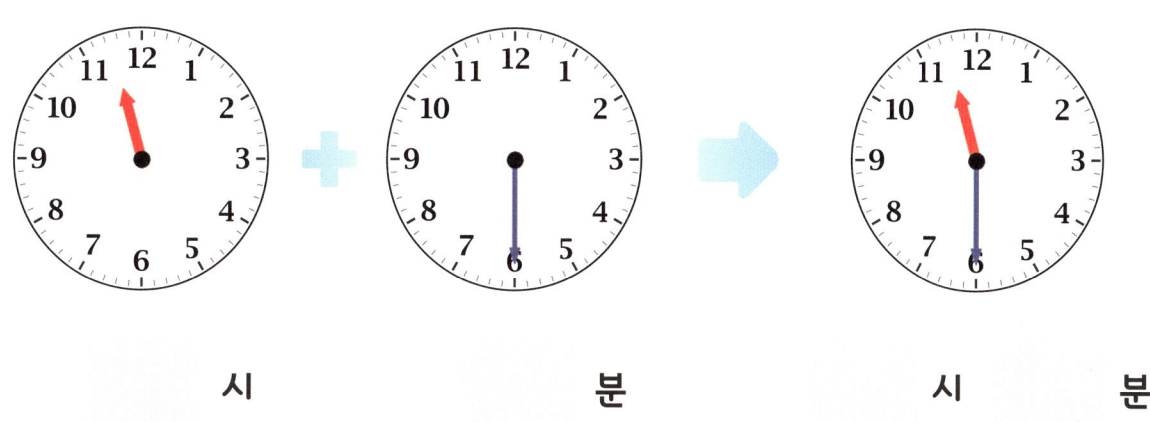

시　　　　　　　　분　　　　　　　　시　　　분

✏️ **시계가 나타내는 시각에 ◯해봅시다.**

2시 30분   3시 30분   4시 30분

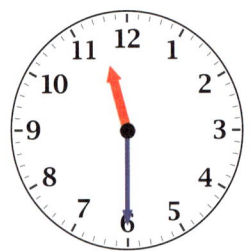

11시 30분   12시 30분   10시 30분

3시 30분   4시 30분   5시 30분

9시 30분   10시 30분   11시 30분

6시 30분   7시 30분   8시 30분

✏️ 시각에 맞게 긴 바늘을 그리거나 붙임 딱지로 붙여봅시다.

1시 30분

5시 30분

11시 30분

✏️ 시각에 맞게 짧은 바늘을 그리거나 붙임 딱지로 붙여봅시다.

4시 30분

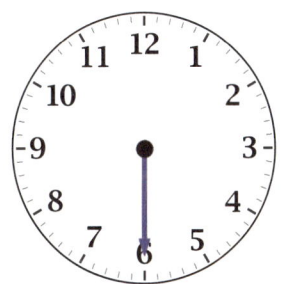

9시 30분

12시 30분

7시 30분

3시 30분

8시 30분

연습문제

✏️ 다음 상황에 맞는 시각과 같은 시각을 골라봅시다.

오전 8시 30분에 학교에 가요.

오전 10시에 운동장에서 체육을 해요.

오후 1시 30분에 친구들과 보드게임을 하며 놀아요.

오후 3시에 피아노 학원에 가요.		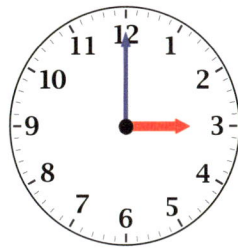	
오후 4시 30분에 집으로 가요.	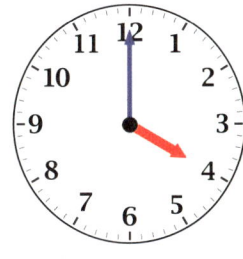	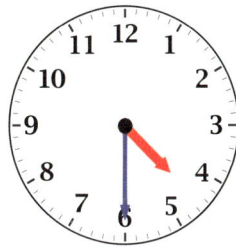	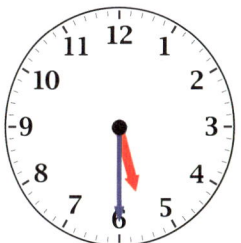
저녁 6시 30분에 가족들과 저녁을 먹어요.	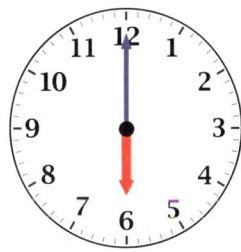		
밤 9시에 뉴스를 봐요.		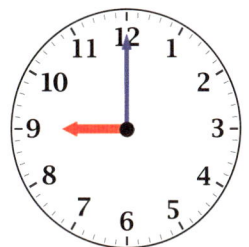	

시계가 나타내는 시각을 적어봅시다.

 시 분    시 분

 시    시

 시 분    시 분

 시    시

주어진 시각에 맞게 시계의 긴 바늘과 짧은 바늘을 그리거나 붙임 딱지로 붙여봅시다.

7시	8시 30분
3시	1시 30분
12시	6시 30분
2시	4시 30분

💡 다음 영화 시간표를 보고 물음에 답해봅시다.

3월 12일 영화 시간표

 친구와 나
오전 11시 30분

 백구의 하루
오후 2시 30분

 펭귄의 남극 탐험
오후 5시 30분

 로봇 데이
오후 7시

✏️ 영화 '펭귄의 남극 탐험'은 몇 시에 시작하나요?

①  ②  ③  ④ 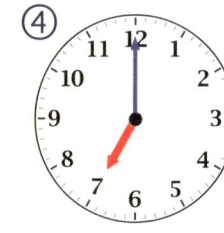 ⑤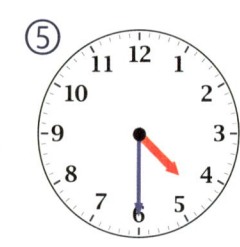

✏️ 다음 시각에 시작하는 영화는 무엇인가요?

✏️ 오후 7시에 시작하는 영화는 무엇인가요?

💡 **다음 문장제 문제를 읽고 물음에 답해봅시다.**

> 지현이는 친구들과 오후 2시 30분에 만났습니다. 놀이터에서 친구들과 즐겁게 논 후 오후 4시에 헤어졌습니다.

✏️ **지현이가 친구들과 만난 시각은 몇 시 인가요?**

✏️ **지현이가 친구들과 헤어진 시각을 시계에 표시해봅시다.**

💡 **다음 문장제 문제를 읽고 물음에 답해봅시다.**

> 성수는 오후 12시 30분에 냉면을 먹고 오후 4시에 간식으로 초콜릿을 먹었습니다. 저녁 7시 30분에 김치찌개를 먹고 저녁 9시에 물을 한 잔 마셨습니다.

✏️ **다음 시계가 나타내는 시각에 성수가 먹은 것은 무엇인가요?**

✏️ 다음 시계가 나타내는 시각을 적어봅시다.

 시

 시 분

 시

 시

 시 분

 시 분

 시 분

 시 분

다음 시계가 나타내는 시각을 적어봅시다.

 　시

 　시

 　시
　분

 　시
　분

 　시

 　시
　분

 　시
　분

 　시

✏️ **다음 시계가 나타내는 시각을 적어봅시다.**

 　시
　분

 　시
　분

 　시
　분

 　시

 　시

 　시

 　시

 　시

다음 시계가 나타내는 시각을 적어봅시다.

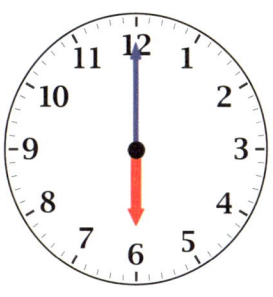 시   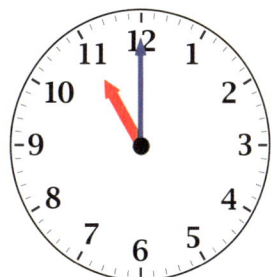 시

 시 분    시 분

 시 분    시 분

 시 분   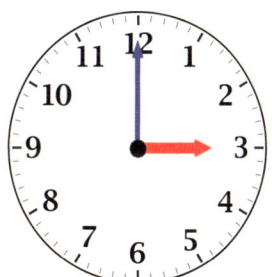 시

06 몇 시 몇 분 (10분 단위)

몇 시 몇 분(10분 단위)

- 시계의 긴 바늘은 '분'을 나타냅니다. 긴 바늘이 가리키는 숫자에 따라 '몇 분'인지가 달라집니다.

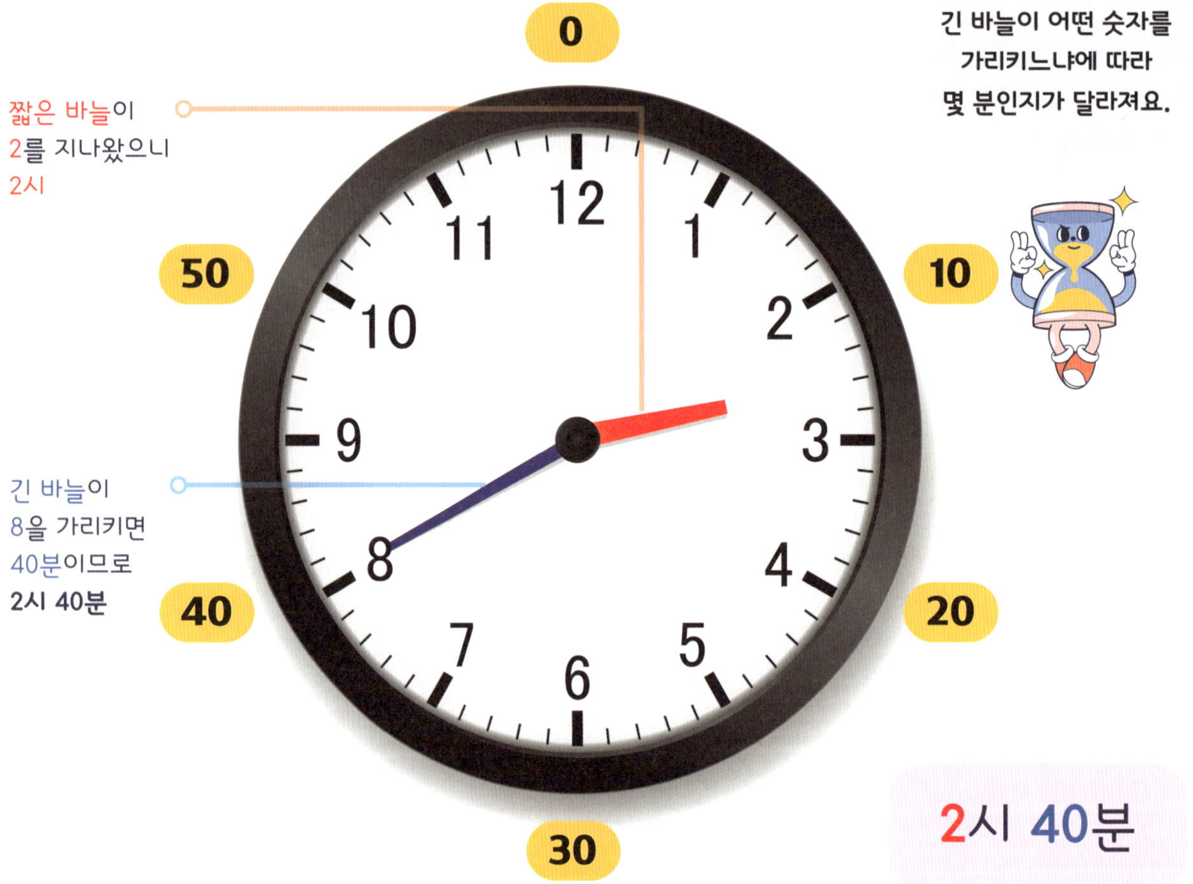

짧은 바늘이
2를 지나왔으니
2시

긴 바늘이 어떤 숫자를
가리키느냐에 따라
몇 분인지가 달라져요.

긴 바늘이
8을 가리키면
40분이므로
2시 40분

2시 40분

긴 바늘 위치	2	4	6	8	10
분	10분	20분	30분	40분	50분

💡 짧은 바늘의 위치

- 긴 바늘이 움직이면 짧은 바늘도 함께 움직입니다. 긴 바늘이 시계 방향으로 움직이면, 짧은 바늘도 조금씩 시계 방향으로 이동합니다.

- 긴 바늘의 움직임에 따라 짧은 바늘이 어떻게 움직이는지 알아봅시다.

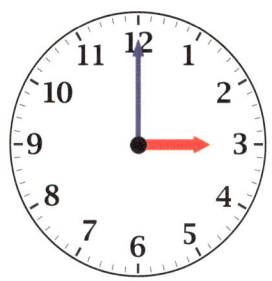
3시
3을 가리켜요.

3시 10분
3을 살짝 지나 4로 가고 있어요.

3시 20분
3을 더 지나 4로 가고 있어요.

3시 30분
3과 4 중간에 있어요.

3시 40분
4에 좀 더 가까이 있어요.

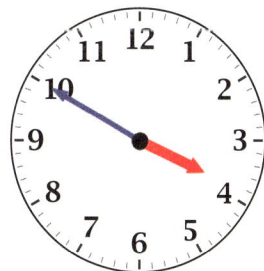
3시 50분
4에 거의 도착했어요.

4시가 될수록 짧은 바늘은 4에 가까워져요.
이때, 짧은 바늘이 4에 가까워졌다고
4시 50분이라고 읽지 않도록 주의해요.

긴 바늘이 가리키는 숫자가 몇 분을 나타내는지 적어봅시다.

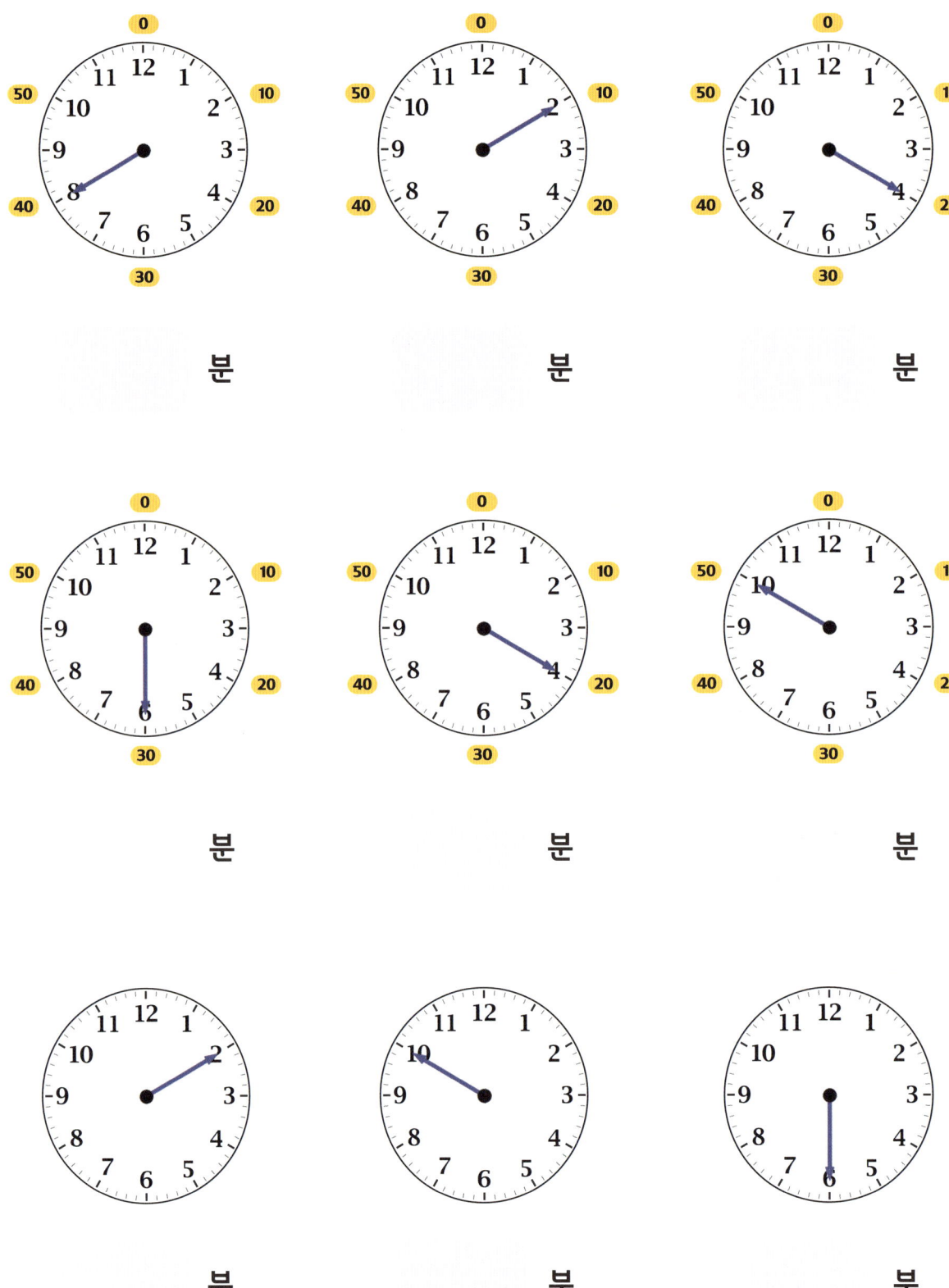

✏️ 시계를 보고 알맞은 시각에 ◯해봅시다.

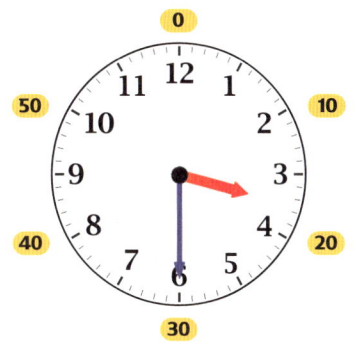 3시 30분
4시 30분

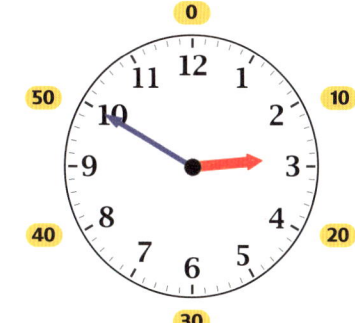 2시 50분
3시 50분

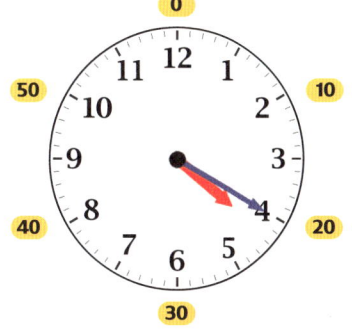 5시 20분
4시 20분

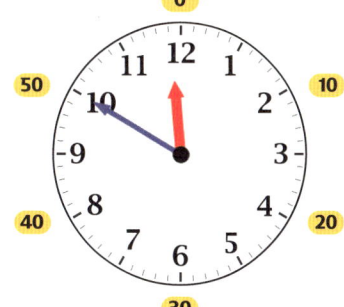 11시 50분
12시 50분

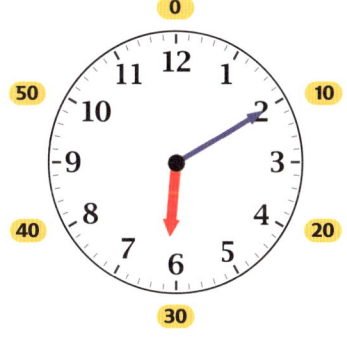 6시 10분
5시 10분

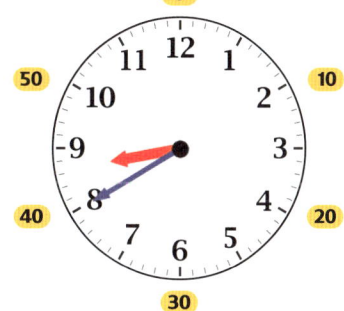 8시 40분
9시 40분

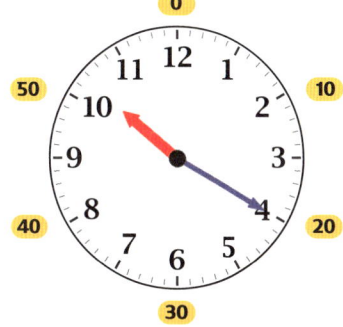 10시 20분
11시 20분

 9시 50분
10시 50분

몇 시 몇 분(10분 단위) 63

📝 **시계가 나타내는 '시'와 '분'을 각각 적고 이를 합쳐서 나타낸 시각을 적어봅시다.**

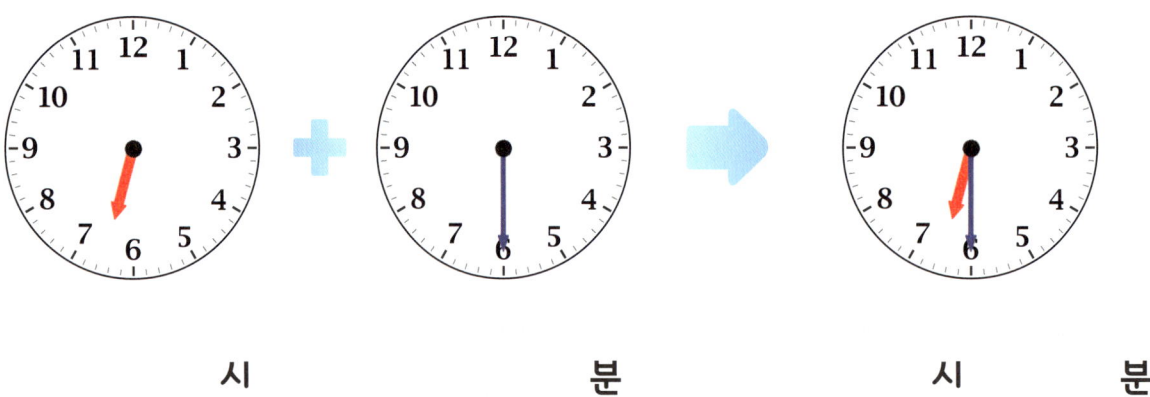

시　　　　　　　분　　　　　　　시　　　분

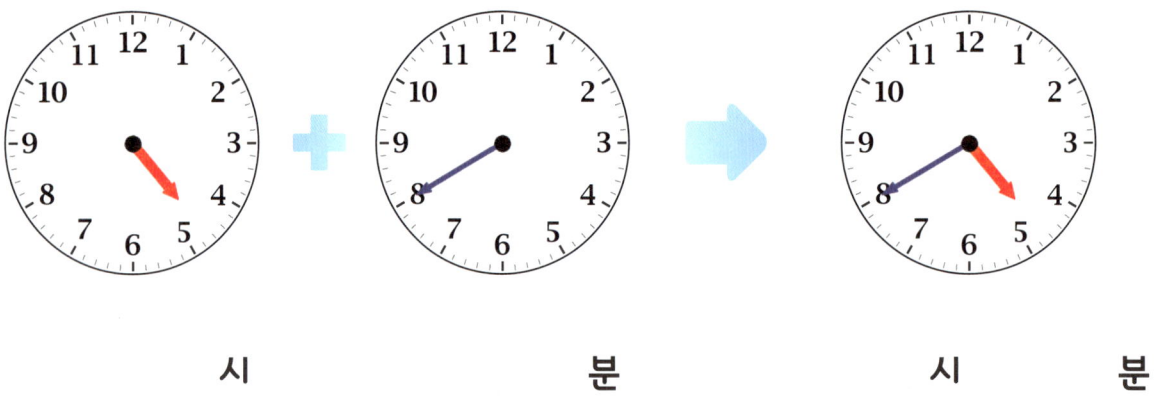

시　　　　　　　분　　　　　　　시　　　분

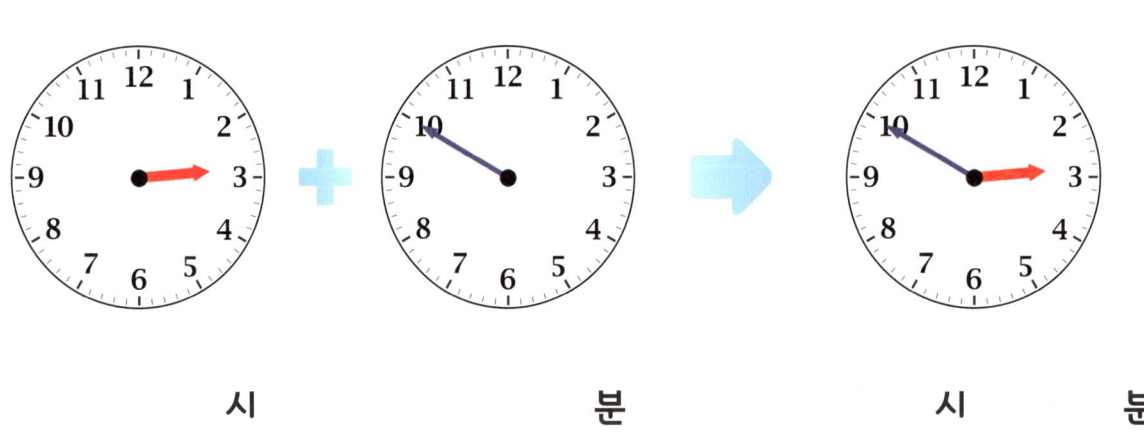

시　　　　　　　분　　　　　　　시　　　분

✏️ 시계가 나타내는 '시'와 '분'을 각각 적고 이를 합쳐서 나타낸 시각을 적어봅시다.

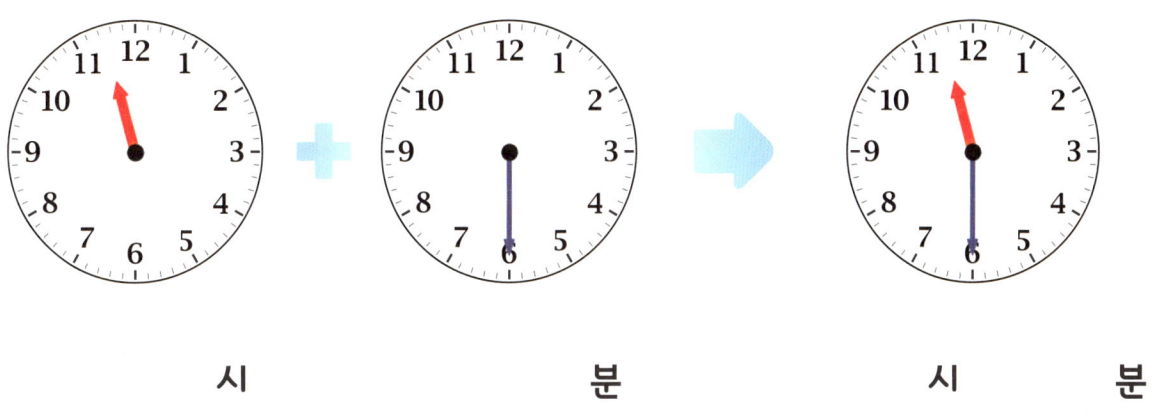

시 　　　　　 분 　　　　　 시 　　 분

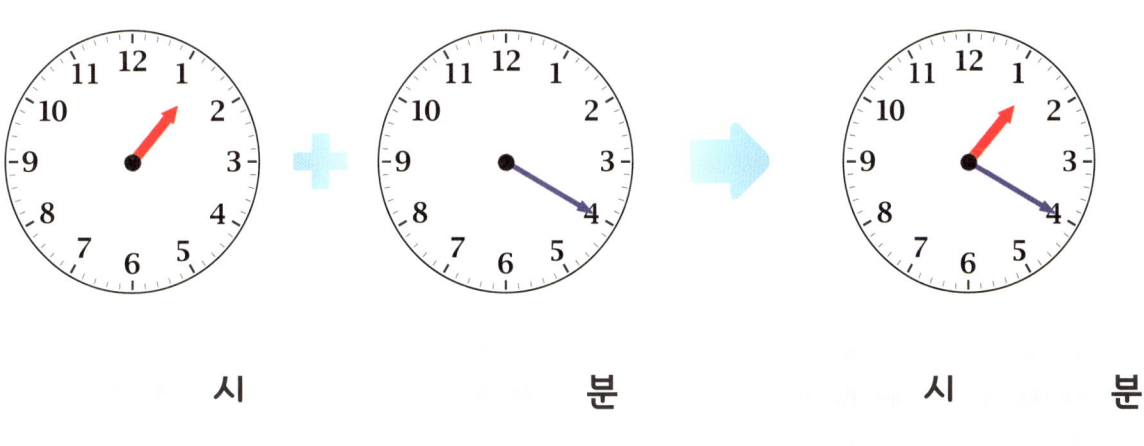

시 　　　　　 분 　　　　　 시 　　 분

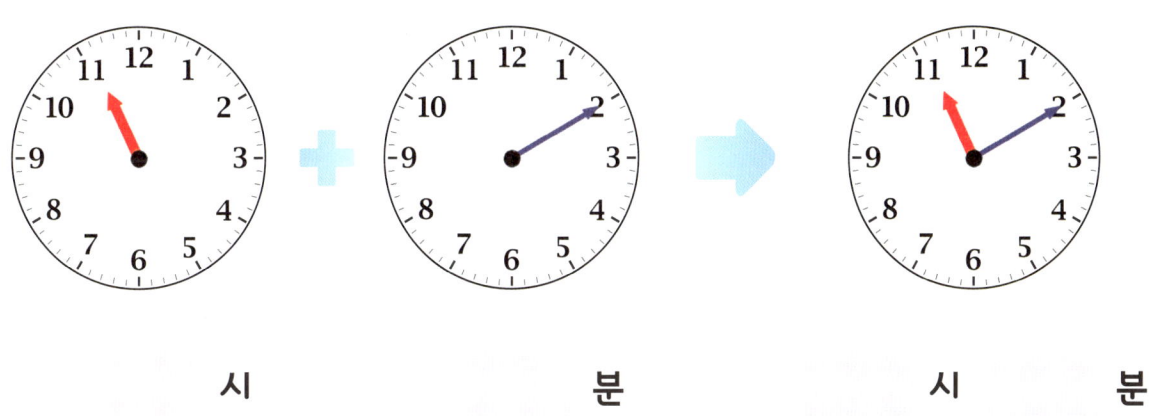

시 　　　　　 분 　　　　　 시 　　 분

시계가 나타내는 시각을 적어봅시다.

 시 분

 시 분

 시 분

 시 분

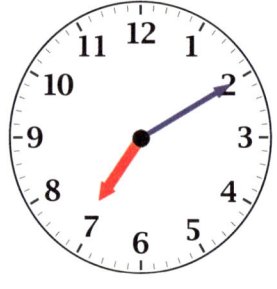 시 분

 시 분

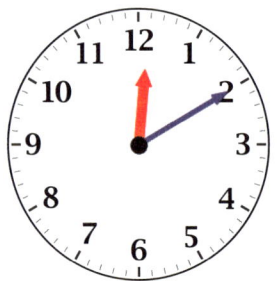 시 분

 시 분

✏️ **시계가 나타내는 시각을 적어봅시다.**

 시 분

 시 분

 시 분

 시 분

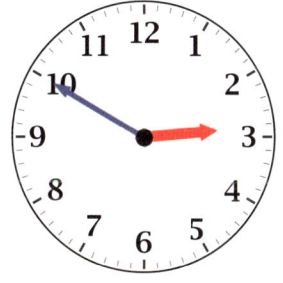 시 분

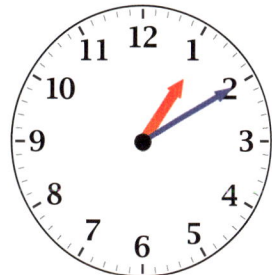 시 분

 시 분

 시 분

07 몇 시 몇 분 (5분 단위)

월   일

몇 시 몇 분(5분 단위)

- 시계의 긴 바늘은 '분'을 나타냅니다.
  긴 바늘이 가리키는 숫자에 따라 '몇 분'인지가 달라집니다.

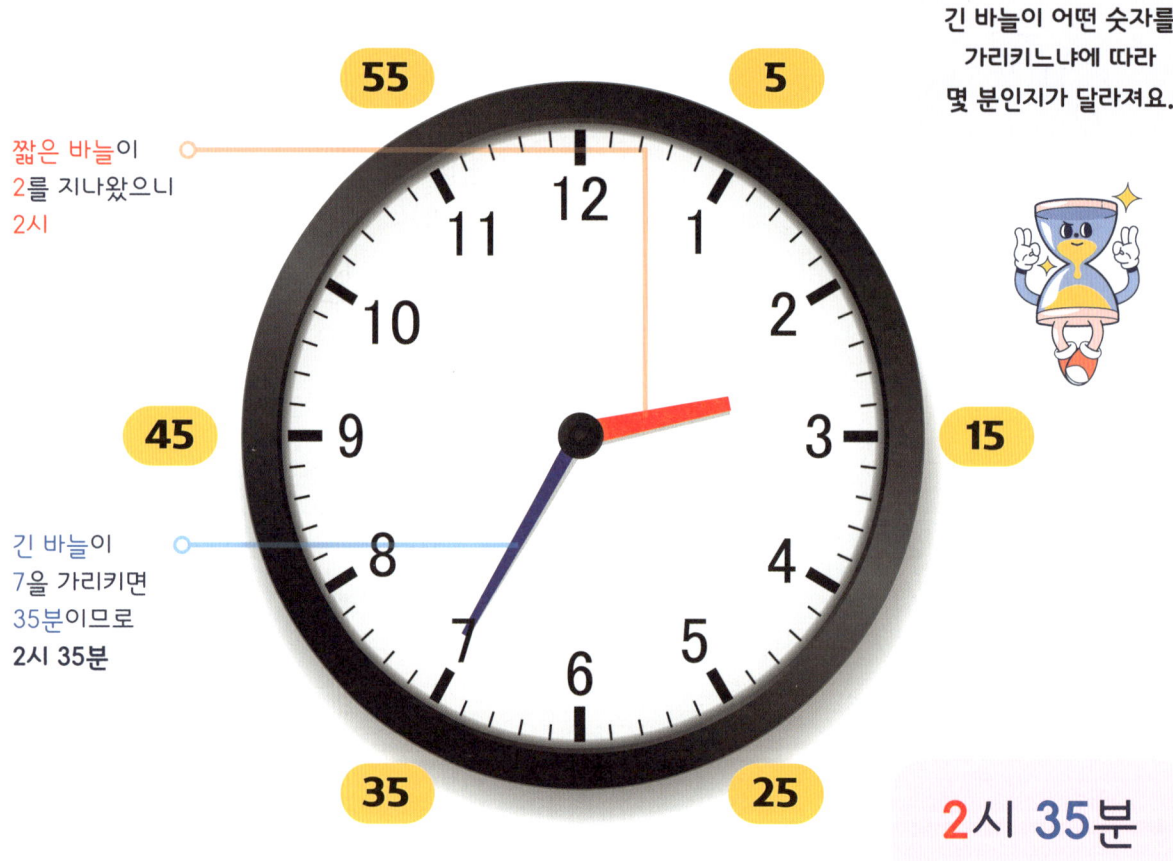

긴 바늘이 어떤 숫자를 가리키느냐에 따라 몇 분인지가 달라져요.

짧은 바늘이 2를 지나왔으니 2시

긴 바늘이 7을 가리키면 35분이므로 2시 35분

2시 35분

긴 바늘 위치	1	3	5	7	9	11
분	5분	15분	25분	35분	45분	55분

💡 짧은 바늘의 위치

• 긴 바늘의 움직임에 따라 짧은 바늘이 어떻게 움직이는지 살펴봅시다.

 11시
11을 가리켜요.

 11시 15분
11을 살짝 지나 12로 가고 있어요.

 11시 25분
11시 15분보다 12에 좀 더 가까워졌어요.

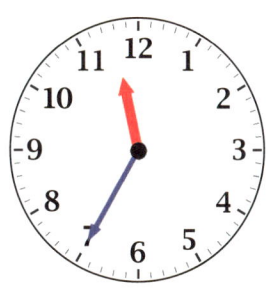 11시 35분
11과 12 중간에 있어요.

 11시 45분
이제 12에 좀 더 가까이 있어요.

 11시 55분
12에 거의 도착했어요.

 12시가 될 수록 짧은 바늘은 12에 가까워져요.
이때, 짧은 바늘이 12에 가까워졌다고
12시 55분이라고 읽지 않도록 주의해요.

✏️ **긴 바늘이 가리키는 숫자가 몇 분을 나타내는지 적어봅시다.**

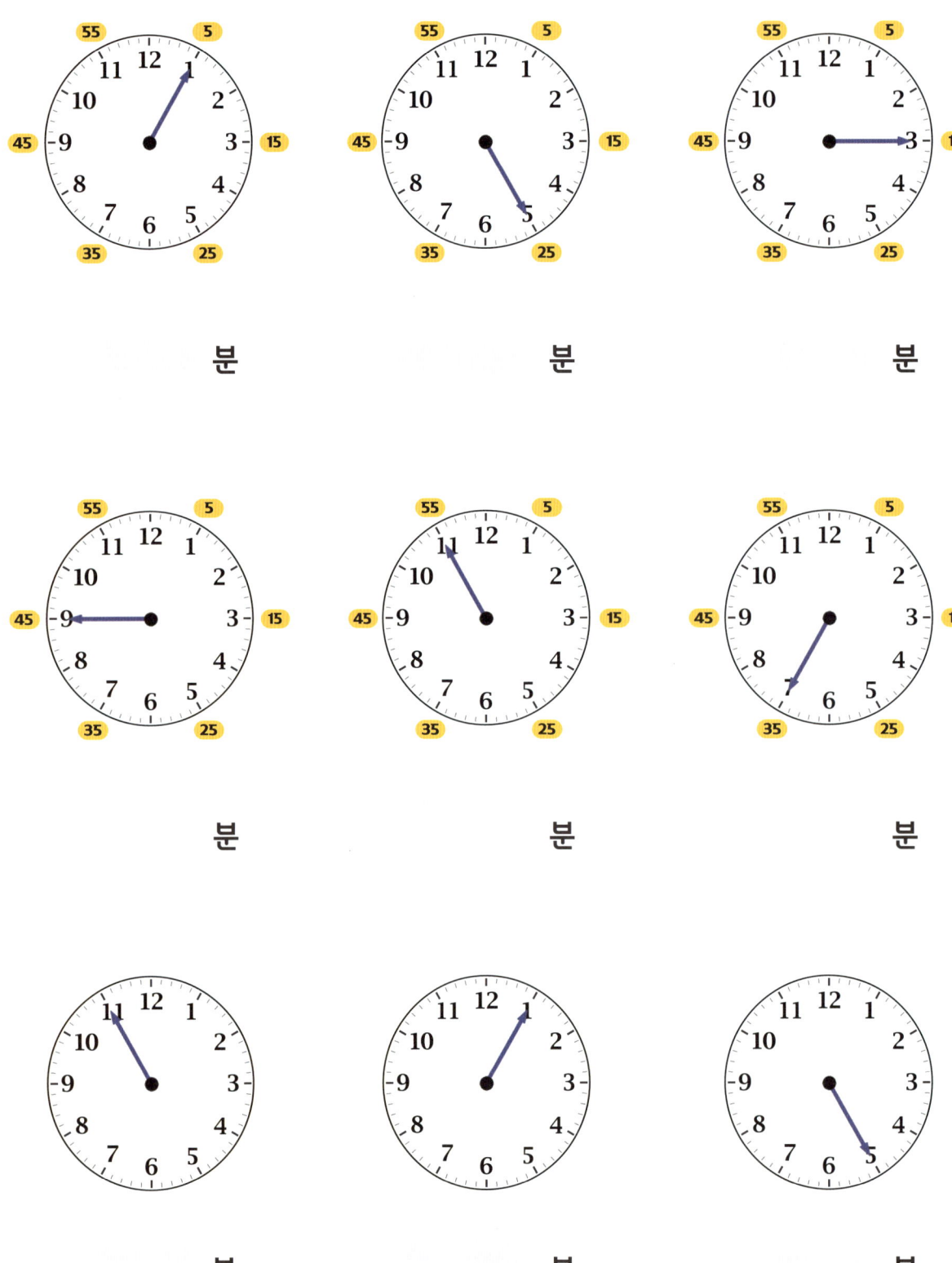

분　　　분　　　분

분　　　분　　　분

분　　　분　　　분

시계를 보고 알맞은 시각에 ○해봅시다.

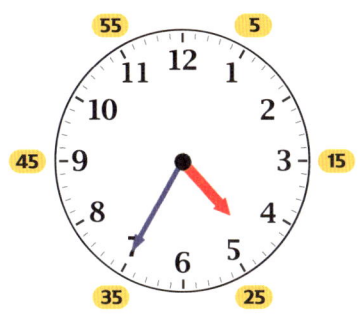 3시 35분

4시 35분

 2시 55분

3시 55분

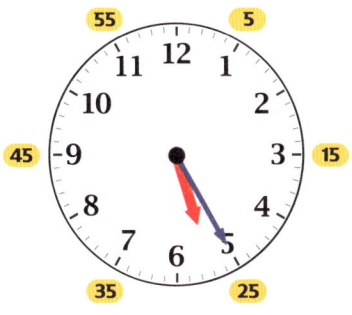 5시 25분

4시 25분

 12시 55분

1시 55분

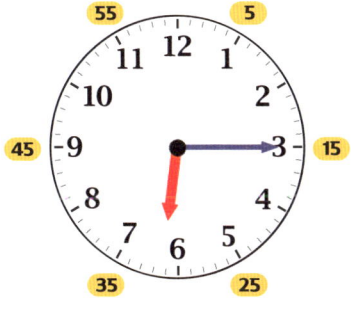 6시 15분

5시 15분

 8시 5분

9시 5분

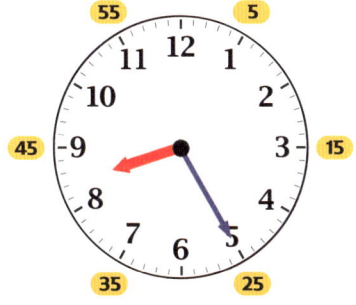 8시 25분

9시 25분

 9시 55분

10시 55분

시계가 나타내는 '시'와 '분'을 각각 적고 이를 합쳐서 나타낸 시각을 적어봅시다.

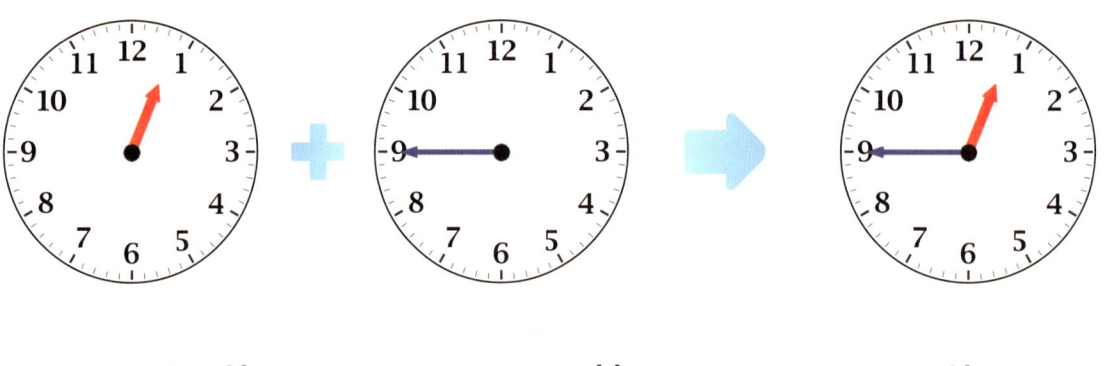

　시　　　　　　　　분　　　　　　　　시　　　분

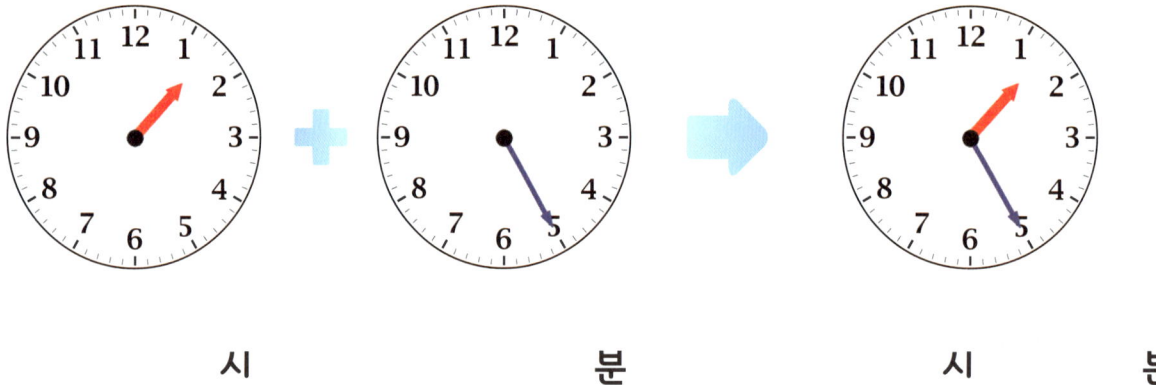

　시　　　　　　　　분　　　　　　　　시　　　분

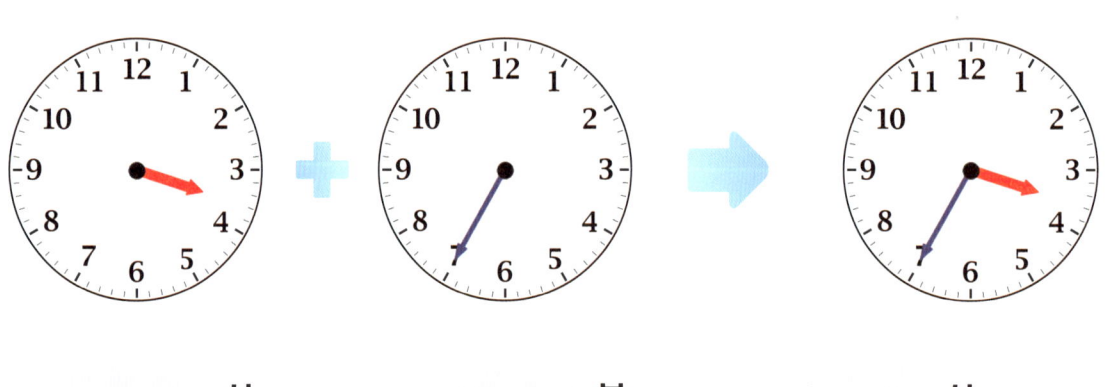

　시　　　　　　　　분　　　　　　　　시　　　분

✏️ **시계가 나타내는 '시'와 '분'을 각각 적고 이를 합쳐서 나타낸 시각을 적어봅시다.**

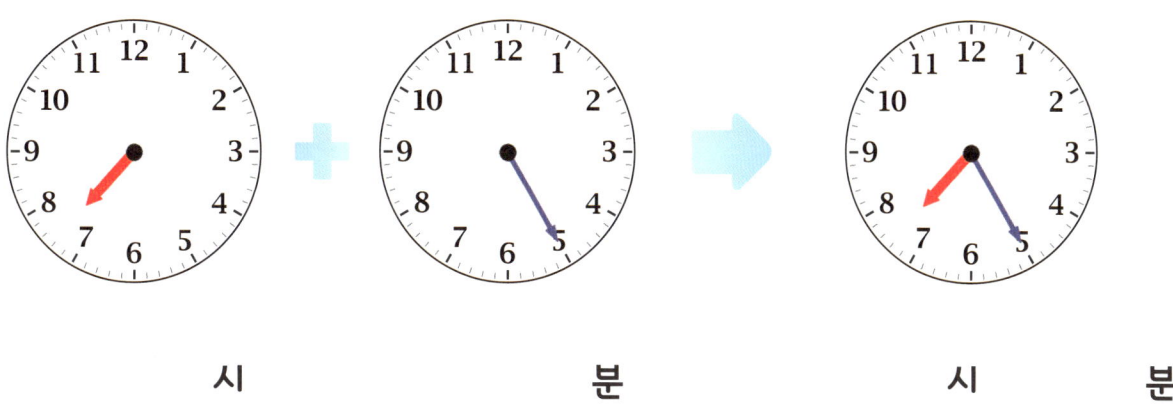

시   분   시   분

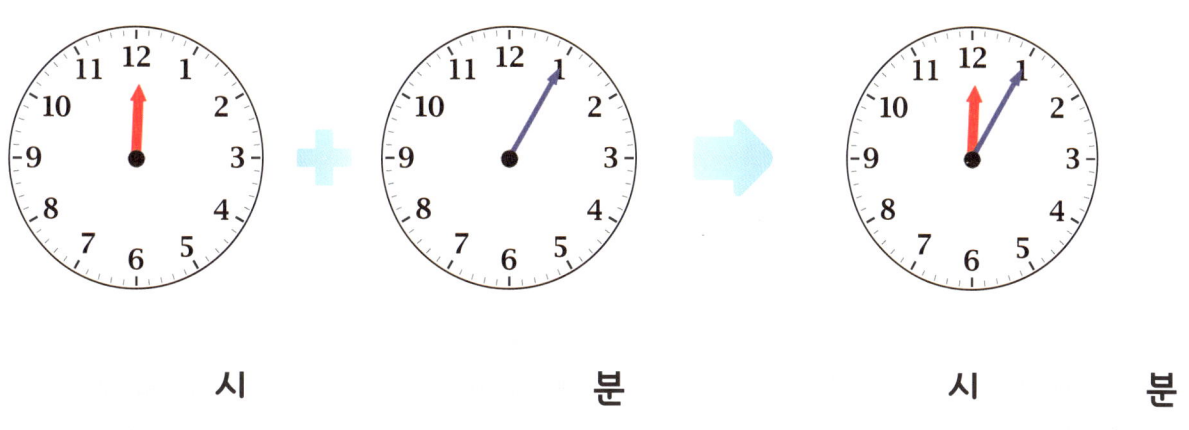

시   분   시   분

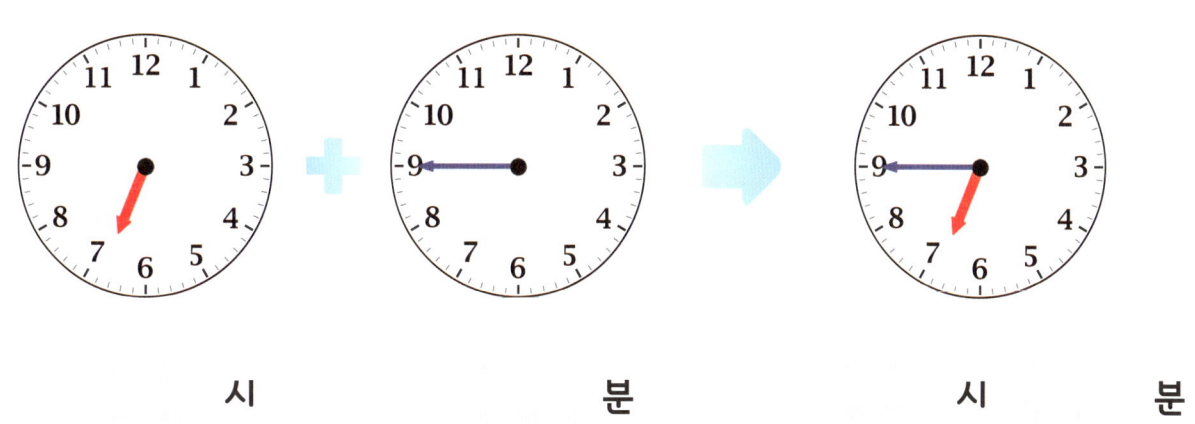

시   분   시   분

시계가 나타내는 시각을 적어봅시다.

　　시　　분　　　　　　시　　분

　　시　　분　　　　　　시　　분

　　시　　분　　　　　　시　　분

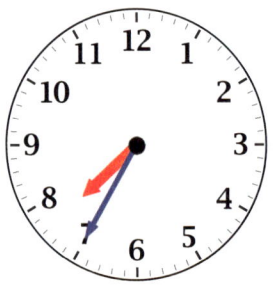　　시　　분　　　　　　시　　분

시계가 나타내는 시각을 적어봅시다.

 시 분

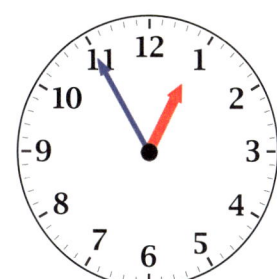 시 분

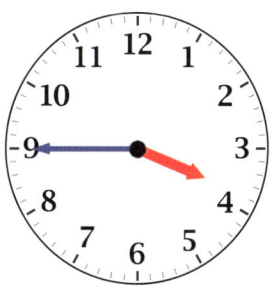 시 분

 시 분

 시 분

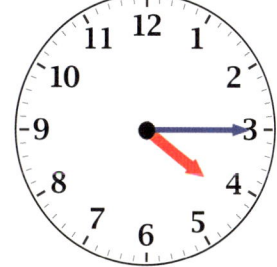 시 분

 시 분

 시 분

연습문제

✏️ 다음 상황에 맞는 시각과 같은 시각을 골라 ○해 봅시다.

오전 8시 25분에 회사에 가요.

오전 10시 15분에 회의를 해요.

오후 12시 30분에 파스타를 먹어요.

오후 3시 50분에 출장을 나가요.			
오후 6시에 퇴근을 해요.	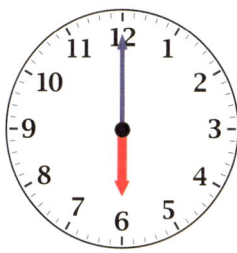		
저녁 7시 10분에 샤브샤브를 먹어요.			
밤 10시 45분에 잠을 자요.	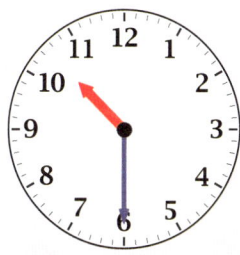		

주어진 시각에 맞게 시계의 긴 바늘을 그리거나 붙임 딱지로 붙여봅시다.

5시 15분

8시 40분

4시 45분

3시 50분

11시 50분

5시 10분

12시 30분

2시

주어진 시각에 맞게 시계의 짧은 바늘을 그리거나 붙임 딱지로 붙여봅시다.

7시 25분

8시 10분

3시 35분

1시 20분

12시 5분

6시 30분

2시 55분

4시 50분

연습문제 79

🔆 다음 태현이의 일기를 읽고 물음에 답해봅시다.

태현이의 일기

오늘 호섭이와 함께 카페에 갔다.

오전 10시 20분에 만나기로 했는데 호섭이가 늦어서 10시 35분에 만났다.

그리고 12시 10분에 점심을 먹었다.

점심을 다 먹고 우리는 12시 55분에 헤어졌다.

참 즐거운 하루였다.

✏️ 호섭이와 원래 만나기로 한 시각은 몇 시인가요?

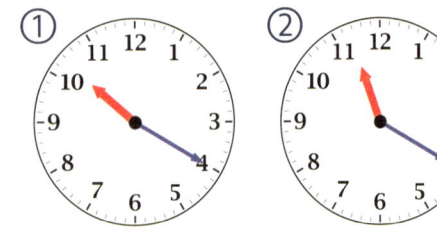 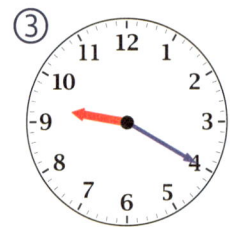 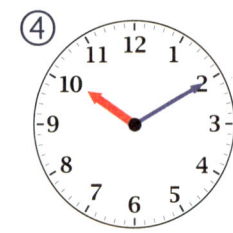 

✏️ 태현이와 호섭이가 헤어진 시각을 시계에 표시해봅시다.

✏️ 태현이와 호섭이는 12시 10분에 무엇을 했나요?

① 계속 놀았다.   ② 점심을 먹었다.   ③ 헤어졌다.

💡 **다음 문장제 문제를 읽고 물음에 답해봅시다.**

> 태희는 미국에 가는 비행기를 **4시 20분**으로 예약했습니다.
> 비행기를 타기 위해 공항에 **1시 35분**에 도착했습니다.

✏️ **다음 중 태희가 타야 할 비행기는 어떤 것인가요?**

	출발 시간	도착지	탑승구
①	1시 30분	미국	287
②	4시 20분	태국	268
③	4시 30분	일본	208
④	3시 10분	미국	277
⑤	4시 20분	미국	214

✏️ **태희가 공항에 도착한 시각을 나타내는 시계는 무엇인가요?**

💡 **다음 문장제 문제를 읽고 물음에 답해봅시다.**

> 민혜는 오후 **1시**에 비빔밥을 먹고 오후 **3시 20분**에 간식으로 빵을 먹었습니다.
> 저녁 **7시 10분**에 짜장면을 먹고 저녁 **8시 45분**에 비타민 약을 먹었습니다.

✏️ **다음 시계가 나타내는 시각에 민혜가 먹은 것은 무엇인가요?**

✏️ 다음 시계가 나타내는 시각을 적어봅시다.

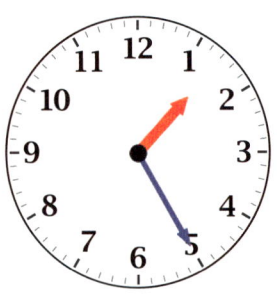 시 분    시 분

 시    시 분

 시 분    시 분

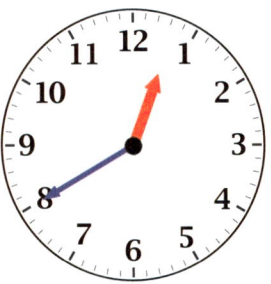 시 분   시 분

다음 시계가 나타내는 시각을 적어봅시다.

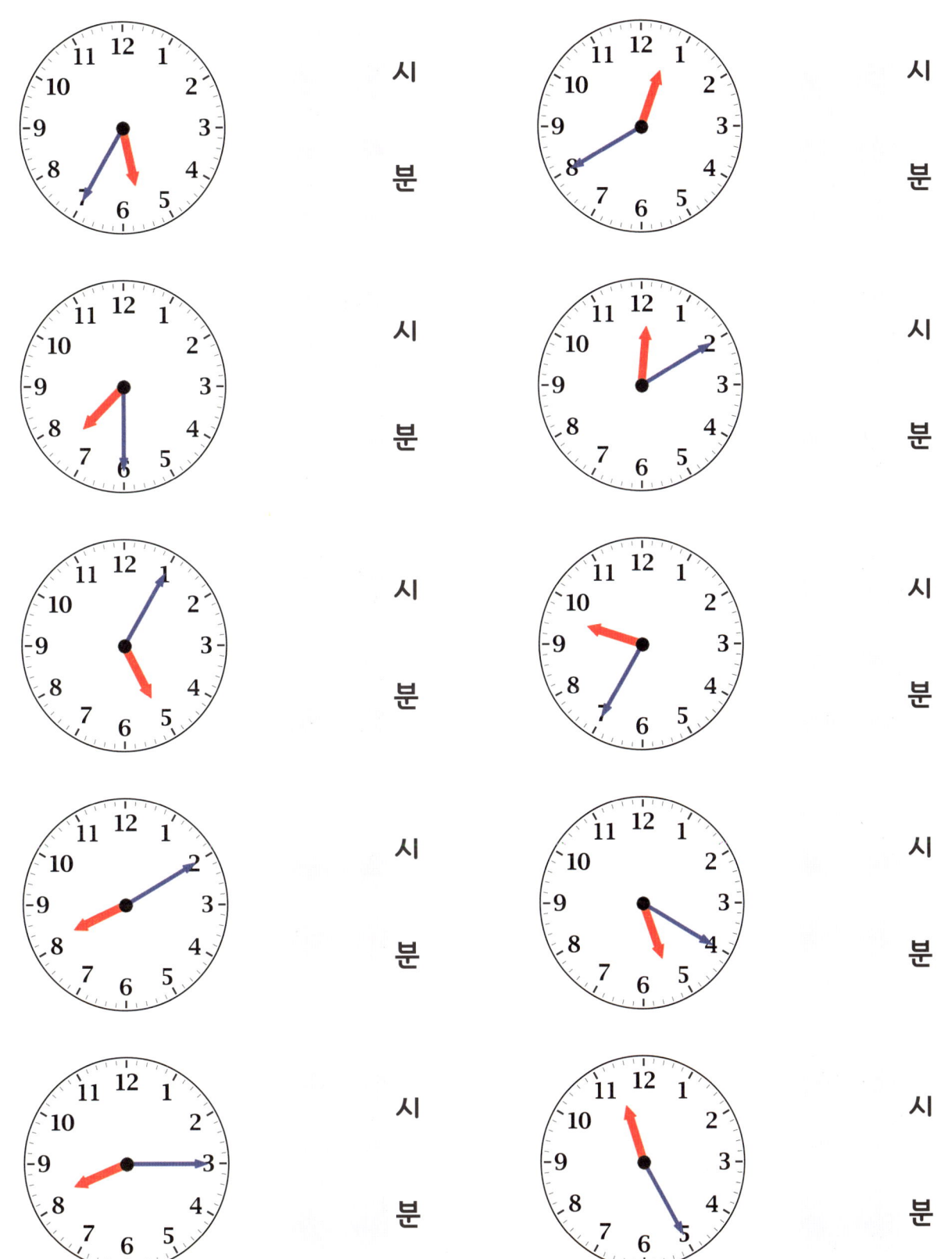

✏️ **다음 시계가 나타내는 시각을 적어봅시다.**

🕐 ___ 시 ___ 분	🕡 ___ 시 ___ 분
🕝 ___ 시 ___ 분	🕘 ___ 시 ___ 분
🕗 ___ 시 ___ 분	🕘 ___ 시
🕕 ___ 시 ___ 분	🕘 ___ 시 ___ 분
🕚 ___ 시 ___ 분	🕘 ___ 시 ___ 분

✎ 다음 시계가 나타내는 시각을 적어봅시다.

 시 분    시 분

 시 분    시 분

 시 분    시 분

 시 분    시 분

 시 분    시 분

✏️ **다음 시계가 나타내는 시각을 적어봅시다.**

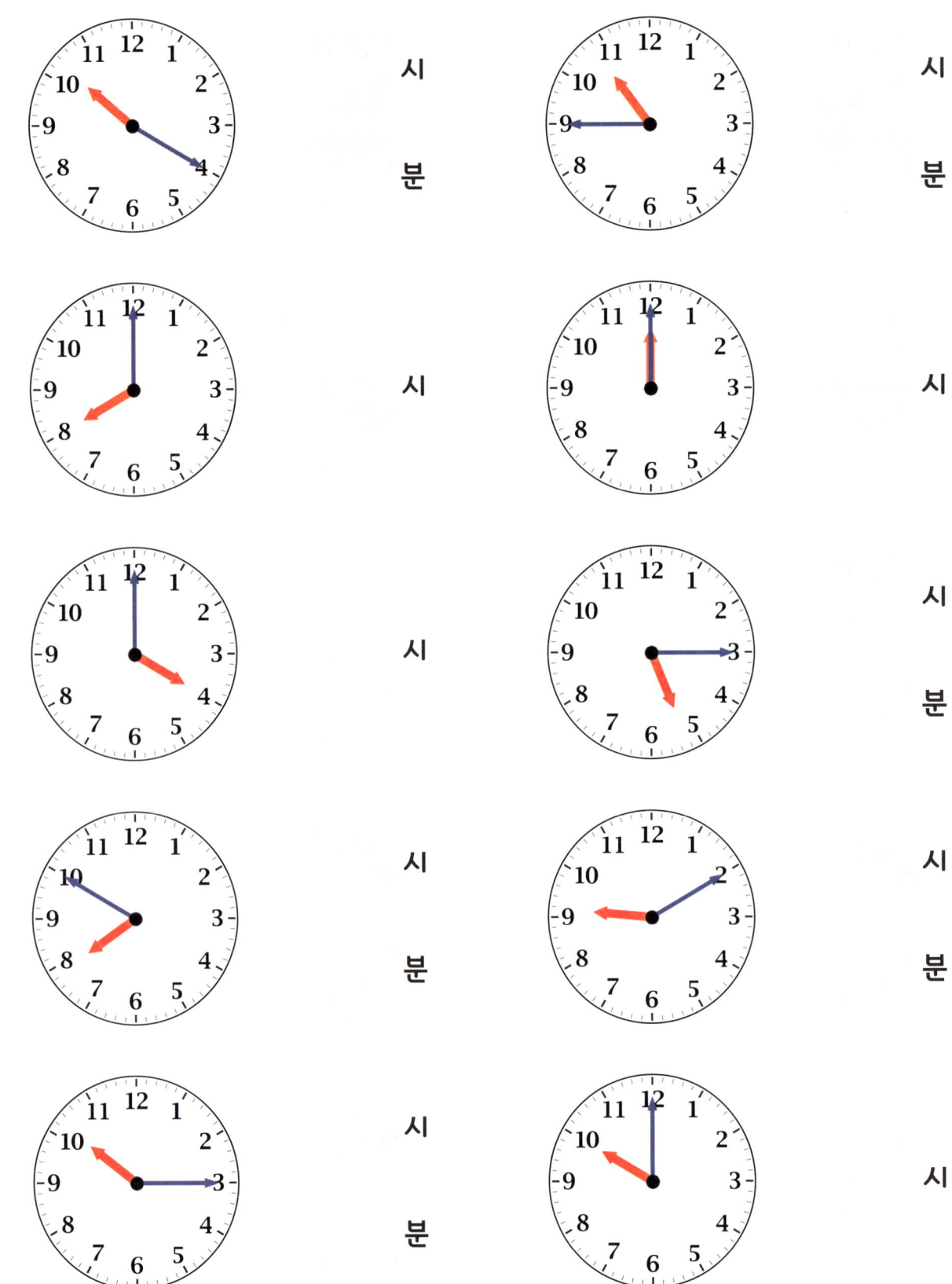

✏️ 다음 시계가 나타내는 시각을 적어봅시다.

 　　시
　　　　　분

 　　시
　　　　　분

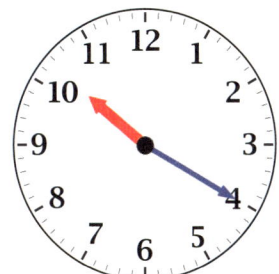 　　시
　　　　　분

 　　시
　　　　　분

 　　시
　　　　　분

 　　시
　　　　　분

 　　시
　　　　　분

 　　시
　　　　　분

 　　시

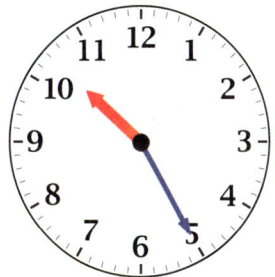 　　시
　　　　　분

08 몇 시 몇 분 (1분 단위)

몇 시 몇 분(1분 단위)

- 시계의 숫자 사이에는 작은 눈금들이 있습니다. 작은 눈금들은 숫자 사이의 눈금을 5칸으로 나눕니다. 이때, 긴 바늘이 작은 눈금 한 칸을 지나면 1분이 지난 것 입니다.

2시 35분에서 긴 바늘이 두 칸 지났으니 2시 37분이겠군

💡 작은 눈금 빠르게 읽는 방법

• 긴 바늘이 작은 눈금을 몇 개 지났는지를 세어 '몇 분'인지를 알 수 있습니다. 그런데, 작은 눈금의 개수를 하나하나 세면 시간이 너무 오래 걸립니다. 긴 바늘이 몇 분을 지났는지 확인하고, 남은 작은 눈금을 세면 훨씬 쉽게 몇 분인지 알 수 있습니다.

1 짧은 바늘이 **몇 시**를 나타내는지 확인합니다.

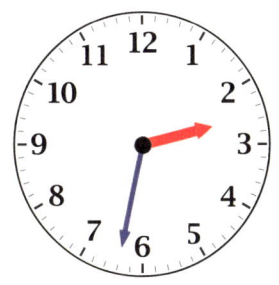

짧은 바늘이 2와 3사이에 있으니 2시이군.

2 긴 바늘이 **몇 분**을 지났는지 확인합니다.

긴 바늘이 6을 지났으니 30분이 넘었겠군.

3 **남은 작은 눈금**을 세서 **몇 분**인지를 확인합니다.

긴 바늘이 숫자 6에서 2칸 지났으니 30+2=32분이겠구나! 그럼 지금 시각은 2시 32분이군!

✏️ **긴 바늘이 가리키는 곳이 몇 분을 나타내는지 적어봅시다.**

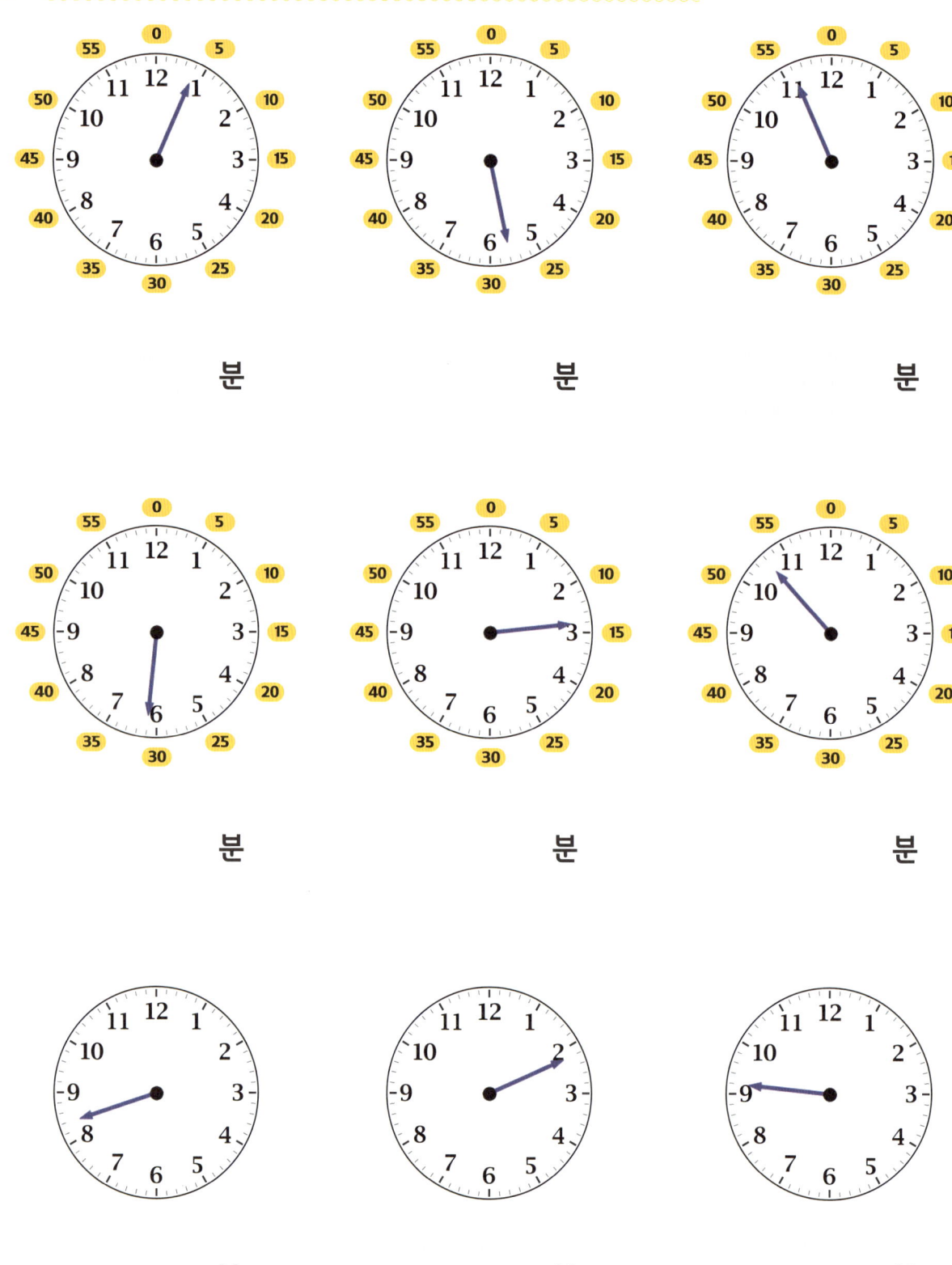

시계를 보고 알맞은 시각에 ◯해봅시다.

   3시 23분

4시 27분

   2시 51분

2시 56분

   5시 16분

5시 21분

   11시 53분

11시 59분

   6시 11분

6시 13분

   8시 4분

8시 7분

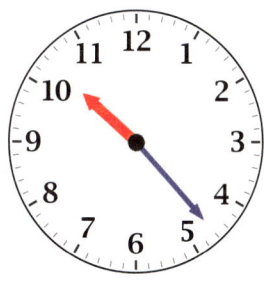   10시 27분

10시 23분

   9시 52분

9시 47분

📝 **시계가 나타내는 '시'와 '분'을 각각 적고 이를 합쳐서 나타낸 시각을 적어봅시다.**

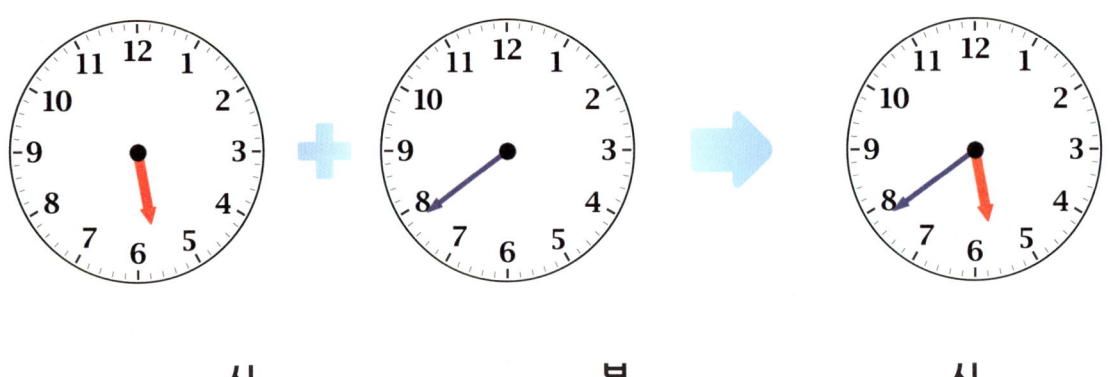

시　　　　　　　분　　　　　　　시　　　분

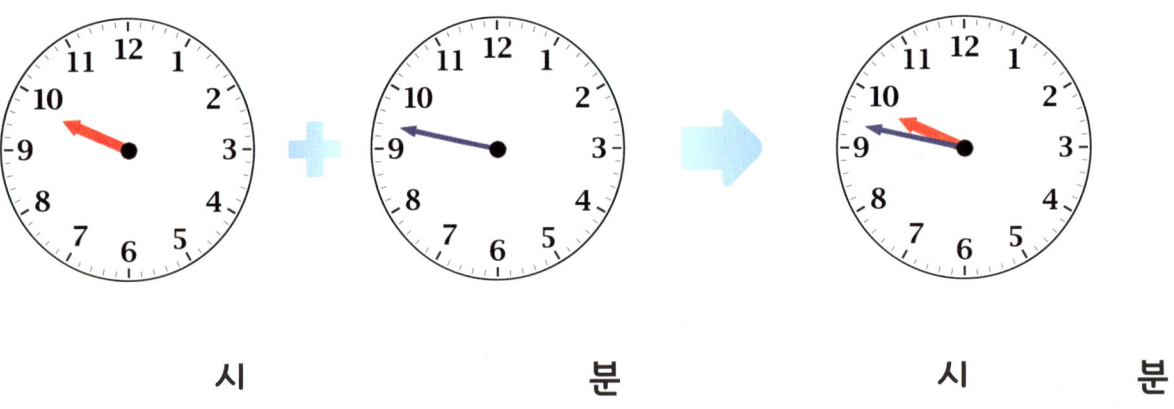

시　　　　　　　분　　　　　　　시　　　분

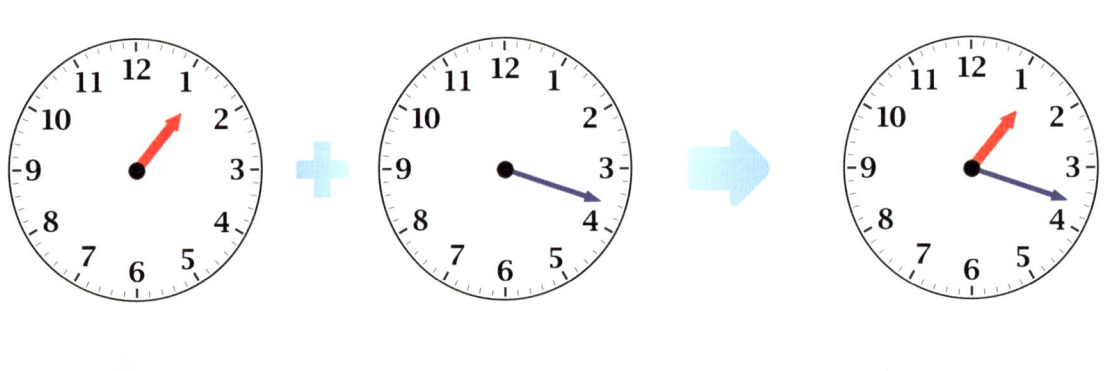

시　　　　　　　분　　　　　　　시　　　분

📝 **시계가 나타내는 '시'와 '분'을 각각 적고 이를 합쳐서 나타낸 시각을 적어봅시다.**

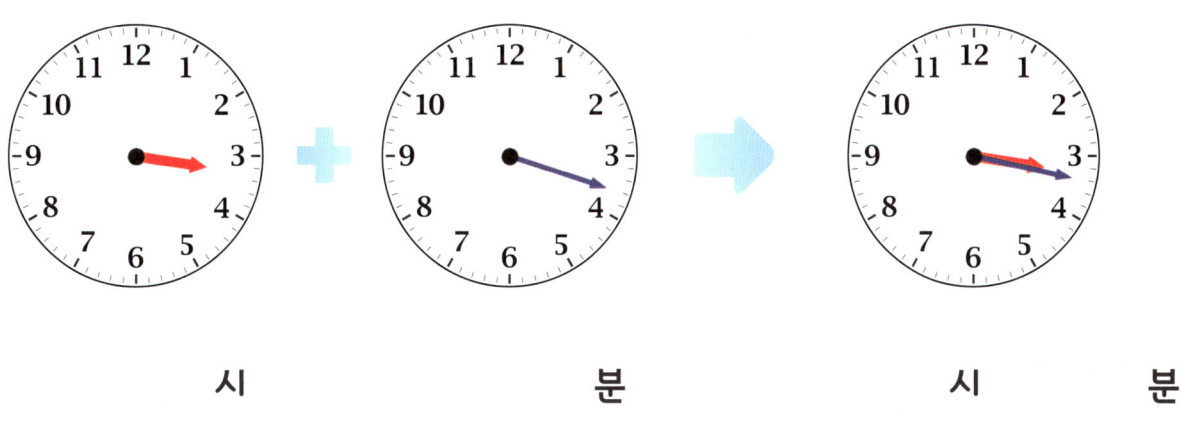

시　　　　　　　　　분　　　　　　　시　　　분

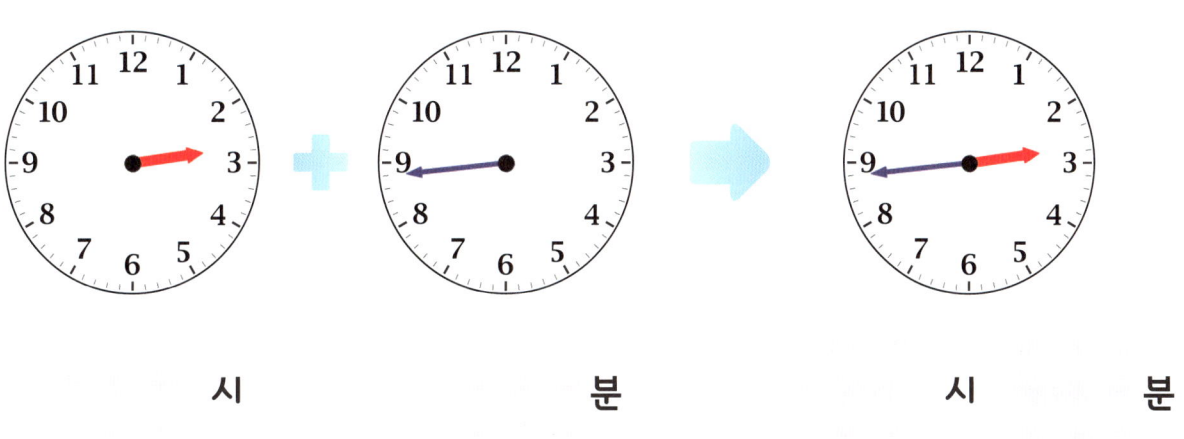

시　　　　　　　　　분　　　　　　　시　　　분

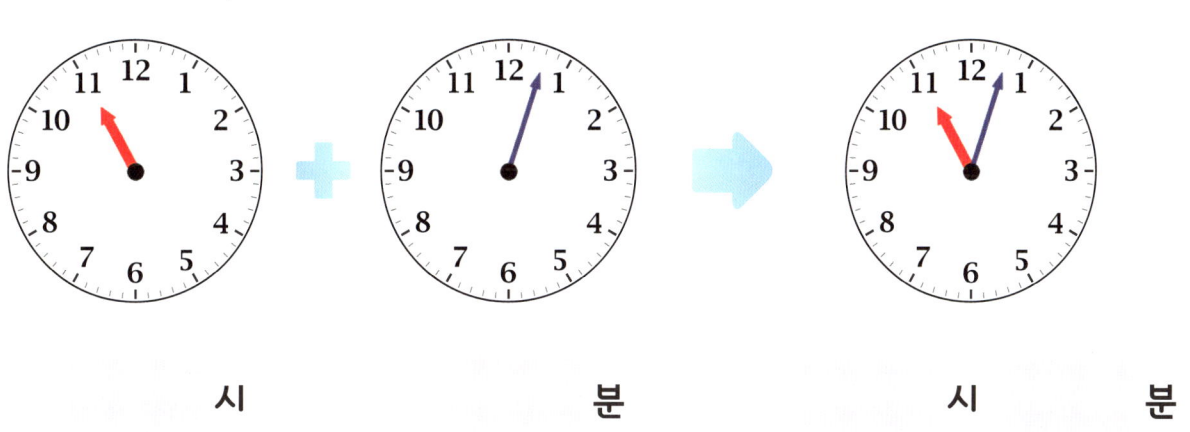

시　　　　　　　　　분　　　　　　　시　　　분

✏️ **시계가 나타내는 시각을 적어봅시다.**

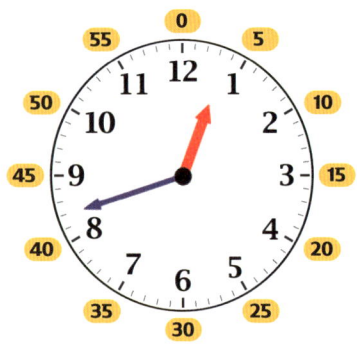 시  분

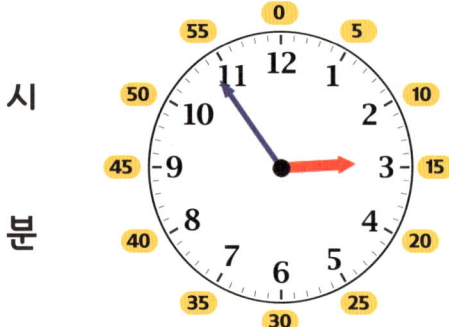 시 분

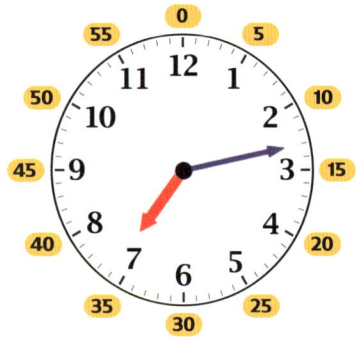 시  분

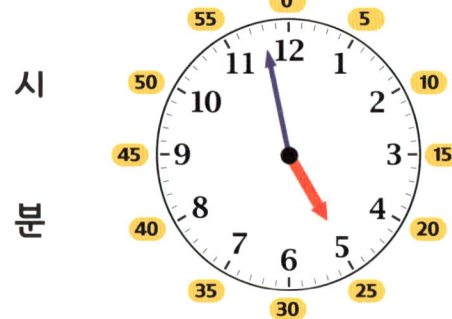 시 분

 시 분

 시 분

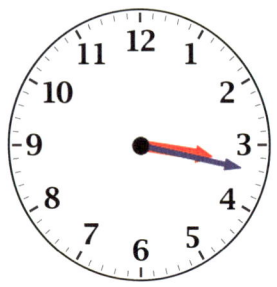 시 분

 시 분

다연이의 하루를 보고 그 시각을 시계에 표시해봅시다.

아침 7시 24분에 일어나요.

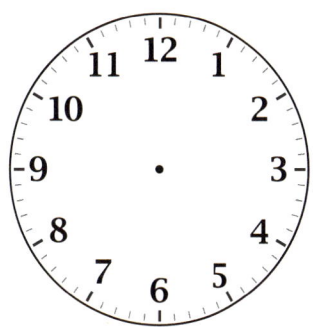

오후 12시 43분에 냉면을 먹어요.

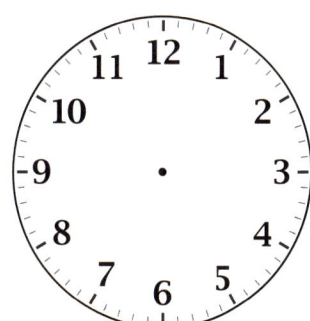

오후 3시 17분에 회의를 해요.

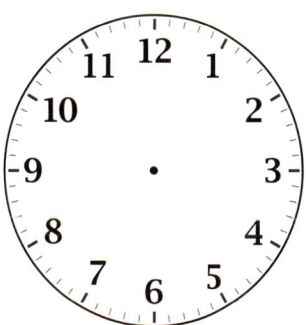

저녁 6시 36분에
지하철을 타고 집에 가요.

✏️ 긴 바늘이 가리키는 곳이 몇 분인지 적어봅시다.

분	분	분
분	분	분
분	분	분

시계가 가리키는 시각이 몇 시 몇 분인지 적어봅시다.

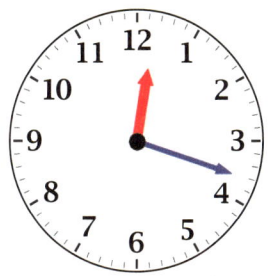

시 　　　　 분

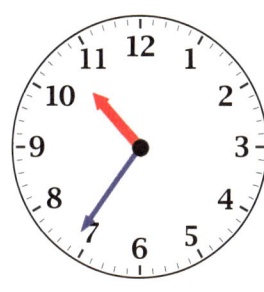

시 　　　　 분

시 　　　　 분

시 　　　　 분

시 　　　　 분

시 　　　　 분

시 　　　　 분

시 　　　　 분

시 　　　　 분

💡 다음 아빠와 희승이의 대화를 읽고 물음에 답해봅시다.

아빠: 희승아, 지금이 몇 시지?

희승: 지금 3시 42분이요.

아빠: 그럼 4시 12분까지만 게임하자. 4시 30분에 할머니 댁으로 출발해야 해.

희승: 네, 아빠.

- 33분 후 -

아빠: 희승아 이제 게임 그만하자. 벌써 4시 15분이야.

✏️ 희승이가 게임을 끝내기로 약속한 시각을 나타낸 시계는 무엇인가요?

✏️ 희승이와 아빠가 할머니 집으로 출발해야 하는 시각을 시계에 표시해봅시다.

✏️ 희승이가 게임을 시작한 시각부터 실제로 끝낸 시각까지 모형시계로 움직여봅시다.

💡 **다음 문장제 문제를 읽고 물음에 답해봅시다.**

다음은 서울에서 공주로 가는 ktx 열차 시간표입니다.

열차번호	서울 출발 시각	공주 도착 시간
502	5:27	7:03
504	7:13	8:42
704	7:20	9:16
610	11:20	12:07
544	11:25	12:17

✏️ **다음 시각에 공주에 도착하는 열차 번호는 몇 번인가요?**

✏️ **도착 시각이 빠른 순서대로 열차 번호를 적어봅시다.**

502 ➡   ➡   ➡   ➡

✏️ **서현이는 9시 30분까지 공주에 도착해야합니다.
서현이는 서울에서 몇 시에 출발하는 열차를 타야할까요?**

①  ②  ③  ④ 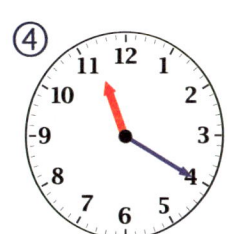 ⑤

나의 하루를 생각하며 내가 그림에 나타난 일을 하는 시각을 적고 이를 시계에 표시해봅시다.

<예시>

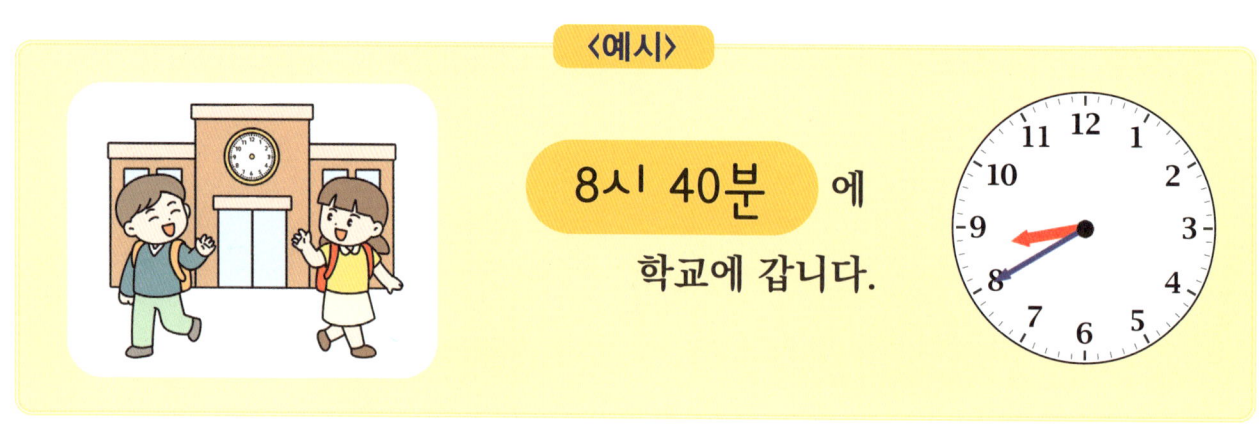

8시 40분 에 학교에 갑니다.

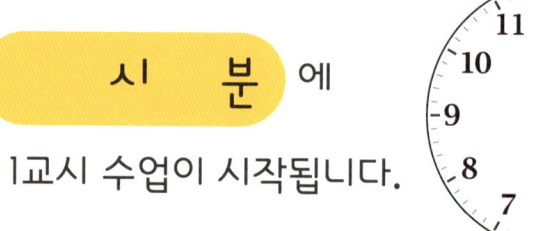

시 분 에
1교시 수업이 시작됩니다.

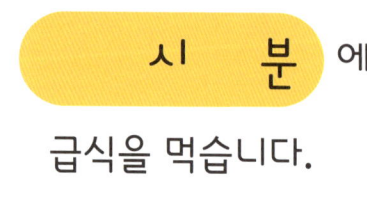

시 분 에
급식을 먹습니다.

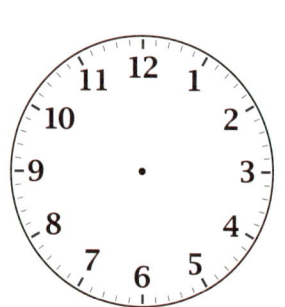

▢ 시 ▢ 분 에
하교를 합니다.

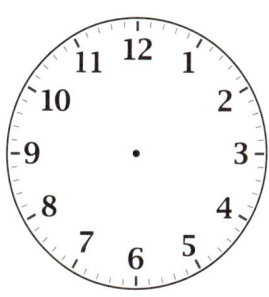

▢ 시 ▢ 분 에
저녁을 먹습니다.

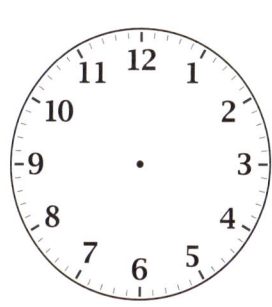

▢ 시 ▢ 분 에
숙제를 합니다.

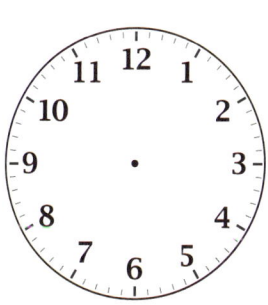

▢ 시 ▢ 분 에
잠자리에 듭니다.

✏️ 다음 시계가 나타내는 시각을 적어봅시다.

 시 분

 시 분

 시 분

 시 분

 시 분

 시 분

 시 분

시 분

✏️ 다음 시계가 나타내는 시각을 적어봅시다.

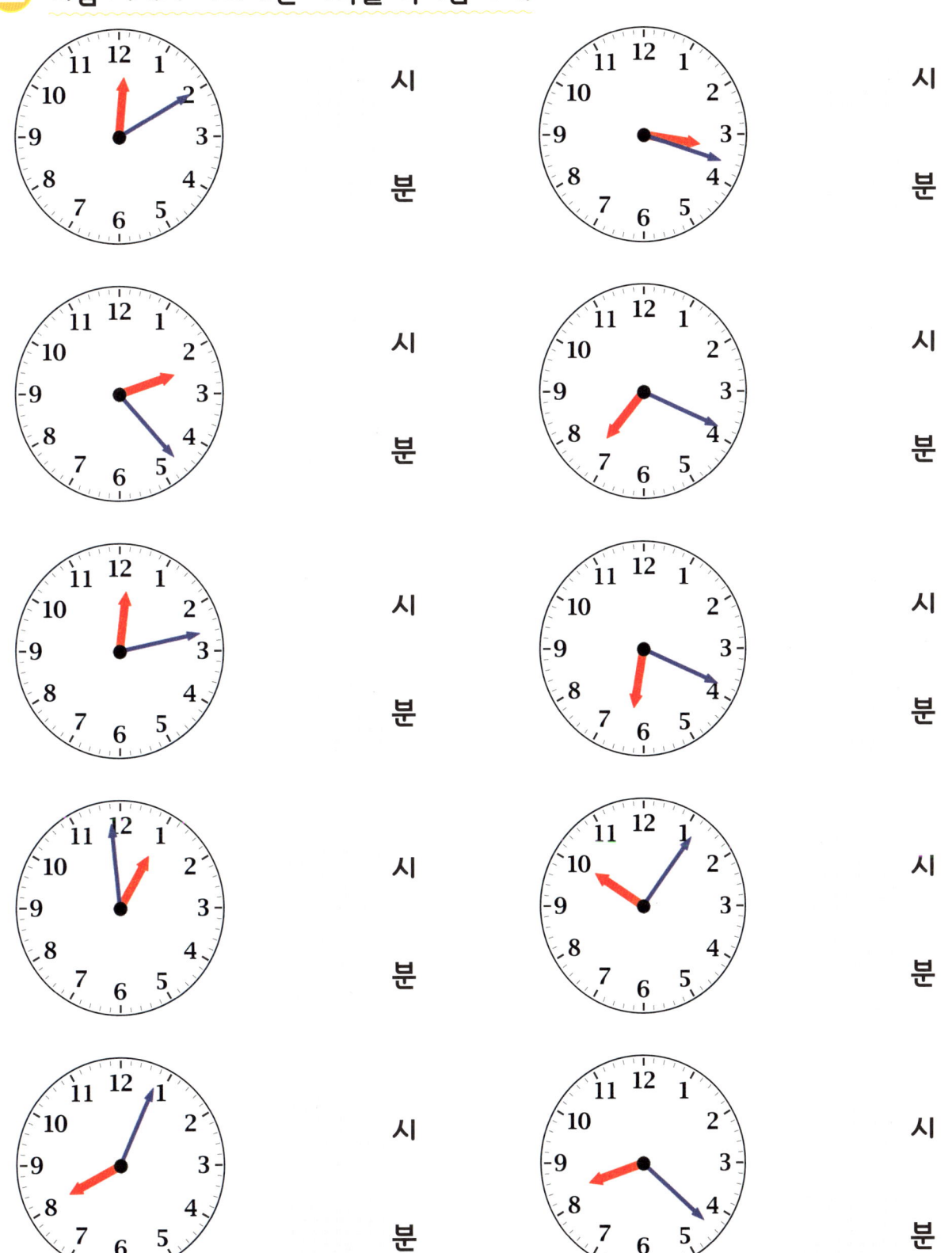

✏️ **다음 시계가 나타내는 시각을 적어봅시다.**

	시		시
	분		분

	시		시
	분		분

	시		시
	분		분

	시		시
	분		분

	시		시
	분		분

📝 **다음 시계가 나타내는 시각을 적어봅시다.**

 시 분

 시 분

 시

 시 분

 시 분

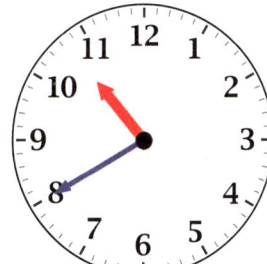 시 분

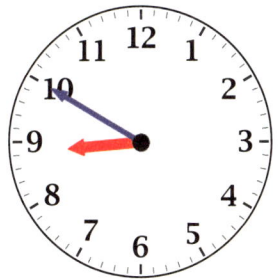 시 분

 시 분

 시 분

 시 분

다음 시계가 나타내는 시각을 적어봅시다.

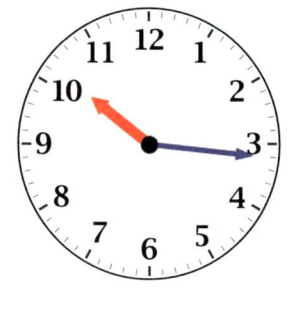   시
              분

   시
              분

   시
              분

   시
              분

   시
              분

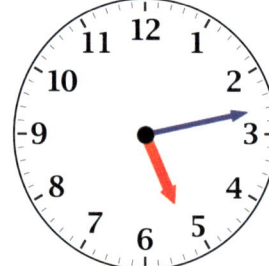   시
              분

   시
              분

   시
              분

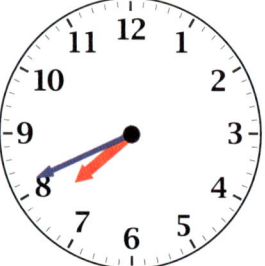   시
              분

 시
              분

✏️ **다음 시계가 나타내는 시각을 적어봅시다.**

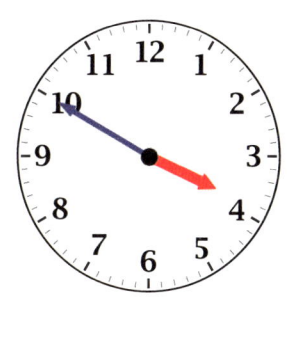 시 분

 시 분

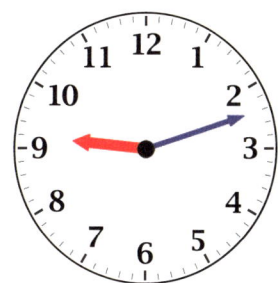 시 분

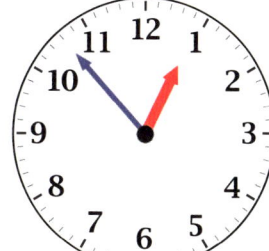 시 분

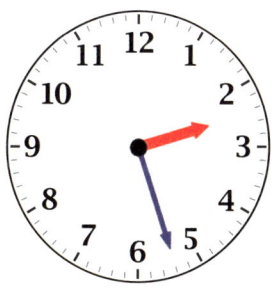 시 분

 시 분

 시 분

 시 분

 시 분

 시 분

MEMO

 **붙임딱지**

< 32 페이지 >

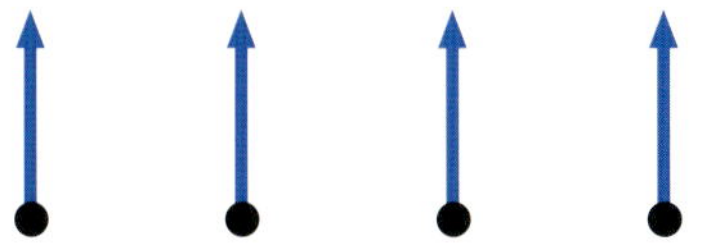

< 33 페이지 >

< 39 페이지 >

< 40 페이지 >

< 49 페이지 >

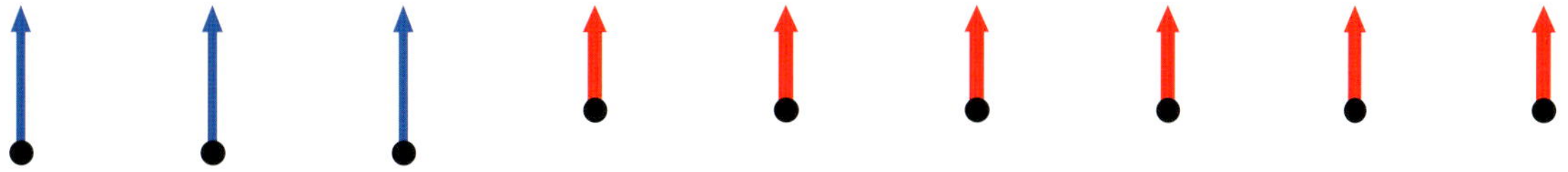

< 53 페이지 >

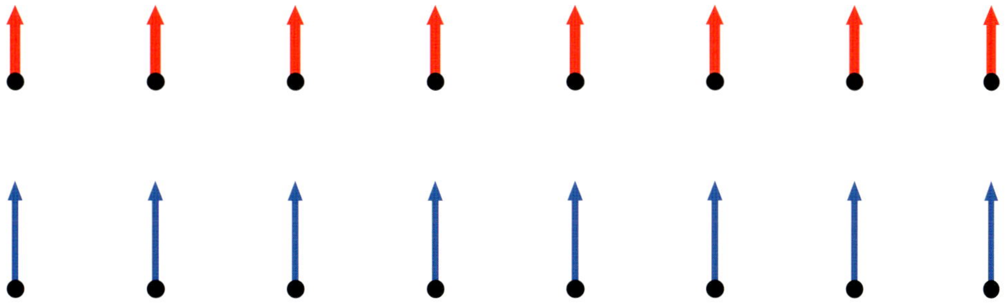

< 78 페이지 >

< 79 페이지 >